经管文库·管理类
前沿·学术·经典

本书获咸阳师范学院学术著作出版基金资助

RESEARCH ON THE ADVANTAGES AND PATHS OF THE CLUSTERING CONSTRUCTION OF PUBLIC PHYSICAL EDUCATION COURSES IN UNIVERSITIES

# 高校公共体育课程项群化建设的优势与路径研究

王胜起 著

MANAGEMENT

经济管理出版社
ECONOMY & MANAGEMENT PUBLISHING HOUSE

**图书在版编目（CIP）数据**

高校公共体育课程项群化建设的优势与路径研究 /
王胜起著 . -- 北京：经济管理出版社，2025. 7.
ISBN 978-7-5243-0483-8

Ⅰ. G807. 4

中国国家版本馆 CIP 数据核字第 2025KW2127 号

组稿编辑：杨国强
责任编辑：杨国强
责任印制：许　艳
责任校对：熊兰华

出版发行：经济管理出版社
　　　　　（北京市海淀区北蜂窝 8 号中雅大厦 A 座 11 层　100038）
网　　　址：www.E-mp.com.cn
电　　　话：（010）51915602
印　　　刷：唐山昊达印刷有限公司
经　　　销：新华书店
开　　　本：710mm×1000mm/16
印　　　张：9.5
字　　　数：190 千字
版　　　次：2025 年 9 月第 1 版　　　2025 年 9 月第 1 次印刷
书　　　号：ISBN 978-7-5243-0483-8
定　　　价：98.00 元

# 前　言

　　随着高校公共体育课程深化改革步伐的不断加快，对高校公共体育课程建设视角与发展方向的研究也提出了明确的要求。在此期间，如何确保高校学生在校期间能够系统化掌握至少两项运动技能，并且能够形成终身体育观念，无疑成为当下高校公共体育课程任课教师普遍关注的问题。根据项群训练理论所阐述的核心观点不难发现，将该理论有效应用于高校公共体育课程的日常教学工作中，可帮助广大高校公共体育课程任课教师有效达到课程建设目标。然而，在高校公共体育课程建设与运行过程中，将其转化为现实却并非易事。对此，本书从高校公共体育课程项群化建设的优势与路径两个方面进行论述，全书共由以下六个部分组成：

　　第一章为高校公共体育课程项群化建设的时代背景分析部分，主要针对《"健康中国2030"规划纲要》《高等学校体育工作基本标准》《体育强国建设纲要》三项政策提出的背景和内容进行解读，从中反映出高校公共体育课程项群化建设的时代必然性。

　　第二章为高校公共体育课程项群化建设的理论基础概述部分，主要围绕相关核心概念界定、项群训练理论、人的全面发展理论、协同理论、系统论五个方面进行论述，确保高校公共体育课程项群化建设的全过程始终都能够拥有充足的理论支撑条件。

　　第三章为高校公共体育课程项群化建设的优势分析部分，主要从有利于扩大运动项目选择范围、有利于师生间形成多元互动、有利于增加学生课堂体育知识、有利于最大限度优化课程运行效果、有利于先进技术的融入五个方面，说明高校公共体育课程项群化建设在促进学生身心全面发展中的优势条件。

　　第四章为高校公共体育课程项群化建设的影响因素部分，主要从全面提高课程建设的"质量意识"、提升课程建设过程的"项群意识"、深入挖掘并持续丰富"课程资源"三个方面，明确高校公共体育课程项群化建设应关注的焦点，为全面确保课程建设质量打下坚实的基础。

　　第五章为高校公共体育课程项群化建设的关键点部分，主要从合理的课程筛选与项目合并、建立系统化的内容体系、依托项群特点合理进行课时分配三个方面，明确高校公共体育课程项群化建设需要重点关注的视角，并为其建设过程建立起行动框架。

第六章为高校公共体育课程项群化建设的实践路径部分，这也是本书的核心部分，主要包括立足"多项目"课程模式对课程项目进行科学分类、依托体育运动项目属类特点确定课程建设目标与内容、以"三全育人"理念为核心制订课程实施方案、以"质量"为中心建立项群化课程评价体系，确保高校公共体育课程的建设与运行能够满足新课程改革所提出的具体要求。

# 目　录

# 第一章

# 高校公共体育课程项群化建设的时代背景分析

## 第一节 《"健康中国 2030"规划纲要》的提出与深化落实

### 一、《"健康中国 2030"规划纲要》的提出

中国共产党第十八次全国代表大会的胜利召开，向全世界释放出了一个重要信号，即中国特色社会主义进入新时代，全面提高人民健康水平、促进经济与社会可持续发展成为中国共产党领导全国人民谋求发展的主要方向，以为全面实现中华民族伟大复兴的中国梦打下坚实基础。在此背景下，中共中央、国务院根据中国共产党第十八届中央委员会第五次全体会议通过的战略部署，最终制定出《"健康中国 2030"规划纲要》，明确指出了 2016~2030 年健康中国建设的总体行动纲领，而这也是自 1949 年以来中国政府首次提出的健康领域中长期战略规划，对个人、社会、国家的可持续发展有着划时代的意义。

### 二、《"健康中国 2030"规划纲要》的内容概括

2016 年，中共中央、国务院联合印发的《"健康中国 2030"规划纲要》，明确指出，到 2030 年，中国主要健康指标进入高收入国家行列，并且在体医方面提出了具有指导性的建议和具体要求，对于高校公共体育课程改革与发展有着重要的指导作用，具体内容如表 1-1 所示。

表 1-1 《"健康中国 2030"规划纲要》主要内容

| 核心内容 | 政策实施要求 | 备注 |
|---|---|---|
| 普及健康生活 | 提高全民健康素养、加大学校健康教育力度、促进心理健康、广泛开展全民健身运动、促进重点人群体育活动 | 构建相关学科教学与教育活动相结合、课堂教育与课外实践相结合、经常性宣传教育与集中式宣传教育相结合的健康教育模式 |
| 建设健康环境 | 建设健康城市和健康村镇、强化安全生产和职业健康 | 保障与健康相关的公共设施用地需求、完善相关公共设施体系、布局和标准，把健康融入城乡规划、建设、治理的全过程，促进城市与人民健康协调发展 |
| 发展健康产业 | 积极发展健身休闲运动产业 | 加快开放体育资源，创新健身休闲运动项目推广普及方式 |
| 健全支撑与保障 | 把健康融入所有政策、加强组织领导、营造良好社会氛围、做好实施监测 | 明确各相关部门职责，定期召开组织协调会，让统筹协调功能得到充分体现，职能部门执法作用得到充分发挥 |

资料来源：笔者整理。

通过表 1-1 的内容可以看出，该政策文件出台的宗旨就是要全面改善国民体质健康状况，力求国民生活水平得到全面提升的同时，助力国民体质健康水平的全面提升。笔者通过对该政策文件的解读，总结出对有关部门和机构提出的四个方面要求：一是要全面完善全民健身公共服务体系，力保《全民健身计划》的实施效果达到更高的层次。随着《全民健身计划》在全国范围内的深化落实，彻底摆脱该项工作单纯以卫生、健康、医疗部门为主导的局面，以未来体育发展为重要抓手，形成体医融合、体教融合、非医疗健康干预的全民健身公共服务体系，有效提高《全民健身计划》实施效果的层次水平。二是要彻底打破部门界限，建立一个完整的公共体育服务体系。各地区要将碎片化的公共体育设施项目进行整体性规划，形成集学校和公共用地于一体的公共体育服务体系，确保普适性较高的公共体育项目能够在全社会得到广泛开展。三是广泛组织开展社区体育活动和体育指导员培养工作，力保体育运动能够惠及每一位公民。随着物质生活水平的不断提高，人们对于精神生活的需要也愈加强烈，城市与乡村的规划、建设普遍将体育场地和体育设施作为一项重要内容，其目的就是要满足人民日益增长的美好精神生活需要。基于此，各级政府有关主管部门要不断加大对社区体育活动的组织力度，并且大力培养公共体育指导员，以保障社区公共体育活动广泛而又有序地开展，为提高公众体质健康水平提供强有力的支撑。四是全面提高中国公众运动健康的科学水平，为切实提高全民体质健康水平提供科学支撑。众所周知，全面提高公民体质健康水平是一项较为系统且复杂的工程，需要以大量的数据作为支撑，并且做到各项决策的准确提出和高效落实，由此才能达到最终的目的。对此，在该政策文件中，明确指出要将"国民体育活动水平"纳入国民健康行为追溯调查范畴之中，并且还要建立运动健康数据库，以及最佳运动健康模型，对《全民健身计划》的实施过程与实施效果进行有效验证，以此来助力全民体质健康水平的提升。

### 三、《"健康中国 2030"规划纲要》对高校公共体育课程建设提出的要求

（一）高校体育教学要为深化落实《全民健身计划》提供重要支撑

通过以上对《"健康中国 2030"规划纲要》主要内容的解读，不难发现该政策文件的出台，其目的就是要让全民体质健康水平和心理健康水平得到全面提升，让中国在未来的 15 年间，能够建立一个理想的健康生活环境。高校学生作为未来社会群体的重要组成部分，其体质健康水平和心理健康水平则直接关乎"健康中国 2030"目标的实现，因此高校体育教学活动的全面开展必须以全面支撑《全民健身计划》的深化落实为基本前提，而这无疑为高校体育工作的全面开展提出了更高要求。其间，高校既要关注课程目标的制定能否提高公共体育课程的整体水平，同时还要考虑课程设置、课程实施过程、课程评价能否满足当代高校学生对体育参与的实际需要，而这无疑也是未来高校公共体育课程建设所要面临的重要挑战。

（二）高校体育资源的挖掘要以满足《全民健身计划》的深化落实为基础

毋庸置疑，高校公共体育课程切实做到有效支撑《全民健身计划》的深化落实并非易事，单纯依靠固有的几类常见运动项目显然难以达到该目的的，需要有充足的课程资源作为支撑。也就是说，高校公共体育课程在资源方面必须结合时代发展的切实需要，不断进行深入挖掘，以此来保障课程内容和课程结构始终与学生需要相统一，这样才能确保学生在校学习期间以及步入社会之后积极参与体育运动，促使学生形成终身体育意识和终身体育习惯。这样的课程建设思路显然能够与国家《全民健身计划》的深化落实保持统一，既可以为不断提高该项政策的实施效果打下坚实基础，也可以为高校公共体育课程改革与创新提供较为理想的前提条件。

（三）高校体育工作的开展要助力学生养成良好的体育参与意识和体育习惯

《"健康中国 2030"规划纲要》明确指出，中国要将提高全民健康素养作为重要任务之一，各级政府部门和相关机构都要以助力公众养成良好的体育习惯作为基本导向，对相关工作的开展模式和工作内容作出积极调整，高校作为国家培养高质量人才的主要阵地，固然也要肩负起这一重任，而公共体育课程作为全面提高学生体质健康水平和心理健康水平的重要载体，意味着高校要想在人才培养中完成上述任务就必须将公共体育课程作为抓手，以不断革新课程建设的基本模式为途径（包括课程目标的

制定、课程内容的设置、课程实施过程的优化、课程评价方式的创新等），引导并带动广大高校学生逐步养成良好的体育参与意识和终身体育习惯，充分发挥公共体育课程在全面实现《"健康中国 2030"规划纲要》的伟大目标中的作用与价值。

## 第二节 《高等学校体育工作基本标准》的全面实施

### 一、《高等学校体育工作基本标准》的内容概括

2014 年 6 月，中华人民共和国教育部正式出台《高等学校体育工作基本标准》，对高校体育工作的开展提出了一系列新要求，并为高校体育工作的未来发展指明了具体方向。其中，该文件以高校学生在校期间必须掌握至少两项可以终身受益的运动项目为基本目标，在课程建设与规划、师资力量、资源配置、经费安排、工作管理和工作评价等多个方面提出了明确要求，这无疑为相关工作的顺利开展提供了强有力的政策支撑。为此，笔者对《高等学校体育工作基本标准》的主要内容进行了归纳和总结，具体如表 1-2 所示。

表 1-2 《高等学校体育工作基本标准》主要内容

| 核心内容 | 政策实施要求 |
| --- | --- |
| 充分发挥学校立德树人功能 | 走课程思政教育路线，在不干扰日常体育教学的前提下，有效地融入思政元素，提升教学质量 |
| 推进学校教学改革，丰富课程项目与内容 | 突出高校特色，调整和优化公共体育课程设置，使传统体育项目与现代体育项目有机结合 |
| 保障学生课外体育活动时间 | 完善高校体育教学模式，保障学生每天校内、校外各 1 个小时体育活动时间。整合各级各类体育赛事，健全分学段、跨区域的体育赛事体系 |
| 健全高校公共体育课程评价体系 | 评价内容包括体育工作规划与发展，课外体育活动、竞赛、文化建设和社会活动，学生体质监测与评价，主要特色等维度，下设多个二级指标和三级指标，力争全面反映公共体育课程开展状况 |
| 完善高校体育办学条件 | 高校要结合本校实际，建立健全体育课堂教学、学生体育成绩评定、课外体育活动、学生体质健康测试、教育教学档案等 |

资料来源：笔者整理。

结合表 1-2 所归纳的主要内容，可以看出该政策文件主要涵盖五个方面内容，对高校体育工作规划与发展、体育课程设置与实施、课外体育活动与竞赛、学生体质监测与评价、基础能力建设与保障提出了较为明确的要求。其中，在高校体育工作规划与发展方面，要全面贯彻中国共产党的教育方针，服务立德树人根本任务，

并将学校体育纳入高校全面实施素质教育的工作范畴之中，深入贯彻并落实国家关于高等教育发展的具体规划、规章制度及各项要求。其间，高校体育工作者要不断创新课程建设模式和教学模式，确保学生掌握科学锻炼知识的同时，还要掌握至少两项能够终身受益的体育锻炼项目，帮助学生终身体育意识和终身体育习惯的正确养成。而且高校体育工作者还要对学校体育发展进行统筹规划，并科学设置体育工作机构，力保学校体育工作开展过程中，不仅能够全面提高学生体质健康水平和心理健康水平，还能不断形成与之相关的教育科研成果。在课程设置与实施方面，各高校要严格执行《全国普通高等学校体育课程教学指导纲要》中的各项内容，做到大一阶段和大二阶段体育必修课不少于 144（专科生不少于 108 学时）学时，每周安排体育课不少于 2 学时，每学时不少于 45 分钟。同时，还要不断深化高校公共体育课程改革，对课程内容、课程安排等进行科学而又合理的规划。另外，在教育教学方式上，广大高校体育工作者还要不断进行创新，力求对学生的日常锻炼能够提供科学指导，从中充分展现高校公共体育课程的特色和实用性。在课外体育活动与竞赛方面，该政策文件将高校课外体育活动纳入学校教学计划之中，强调要面向全体高校学生设置多样化、可选择、有实效的体育运动项目，并且确保组织学生每周至少参加三次课外体育锻炼，做到每天学生体育锻炼时间不少于 1 小时。同时体育课程还要为学生设置喜闻乐见、易于参与、健身性较强的体育运动项目，并组织相关的竞赛活动，从而打造出良好的学校体育文化氛围，力保高校学生体质健康水平和心理健康水平得到全面提升。在学生体质监测与评价方面，各高校要全面实施《国家学生体质健康标准》，建立学生体质健康测试中心，并由专人负责学生体质健康测试、结果上传等工作，并将测试成绩列入学生档案，作为对学生评优、评先的重要依据。同时将高校学生体质健康整体状况作为评价高校办学质量和办学水平的重要依据，其中涵盖学生体质健康状况、学生体育课成绩、学生参与体育锻炼活动的总体情况等。在基础能力建设与保障方面，该文件明确指出各高校要健全学校体育工作保障机制，为学校体育课程的全面开展提供强有力的资金保障、物资保障、技术保障，确保学生在校期间所从事的各项体育活动都能在安全的环境下进行，助力"健康中国 2030"目标的全面实现。

## 二、《高等学校体育工作基本标准》对高校公共体育课程建设提出的具体要求

（一）课程结构要立足学生全面发展进行多元化设计

由于在《高等学校体育工作基本标准》的深化落实中明确要求各项体育工作的开展都要以学生的全面发展为最终目标，所以高校公共体育课程的设计必须以此为基本前提。可是实现高校学生的全面发展并非易事，需要为学生提供一个可持续的

学习环境。这也就意味着高校公共体育课程建设过程中，要对课程结构进行多元化设计，让更为丰富的运动项目能够进入课程体系之中，这样不仅可以让学生更加专注于某一类体育运动，还能促使学生深刻感受到运动的真谛所在，为学生终身发展奠定坚实的基础。

（二）课程教学过程要根据课程设置和内容不断予以创新

从课程建设的内涵来看，其就是结合时代与社会发展的切实需要，对学科内容进行系统规划与设计的具体过程。可是，课程建设能否达到预期目标，其决定性因素在于课程设置和课程内容能否与社会发展实际保持高度统一。《高等学校体育工作基本标准》的提出，是以全面提高大学生综合素质为导向的，而高校公共体育课程建设的目标也是以此为导向的。然而，在课程教学实践活动中，广大教师要想真正达到这一目标却绝非易事，而需要同时具备多个必然条件才能将其转化为现实，如完整的课程内容、充足的课程教学时间、多样且普适性较强的教学手段等。可是综观这些必然条件，教学内容的系统性与合理性无疑是课程教学时间高度充足以及课程教学手段多样化发展的重要前提所在。因此，在《高等学校体育工作基本标准》全面实施的背景之下，必须根据课程设置和内容对课程教学过程进行不断的创新，做到课程运行的全过程能够有效助力《高等学校体育工作基本标准》的实施。

（三）立足高校学生的全面发展改变课程评估的固有模式

从课程建设最终的目的出发，就是要让学生在学科领域内实现全面发展，高校公共体育课程建设自然也不例外。结合《高等学校体育工作基本标准》所提出的具体要求，可以发现，高校公共体育课程建设必须从学生全面发展的角度出发，对课程模式进行多元化设计，并且要在课程设置和内容方面，不断进行创新，确保高校公共体育课程的运行过程能够人尽其才、物尽其用，达到课程建设的最终目的。然而，对于如何才能客观反映出课程建设效果是否达到预期目标，自然需要有一套与之相适应的课程评价模式为之提供支撑。因此，这也说明在《高等学校体育工作基本标准》全面实施的背景之下，要以学生的全面发展为前提，对课程评价目标、原则、标准、方法、指标体系进行有效的优化和完善，客观反映高校公共体育课程建设过程和结果能否达到《高等学校体育工作基本标准》的具体要求。

# 第三节 《体育强国建设纲要》对高校体育提出更高要求

## 一、《体育强国建设纲要》内容解读

2019年9月，国务院办公厅正式批准并发布了《体育强国建设纲要》，明确指出未来国家要将全面推动体育强国建设作为重中之重。在该政策性文件中，明确强调了有关部门和机构在全面推动体育强国建设中的具体任务和目标，并且对保障措施作出了明确要求。笔者对该政策性文件进行了全面整理，具体如表1-3所示。

表1-3　《体育强国建设纲要》政策内容

| 核心内容 | 政策实施要求 |
|---|---|
| 体育场地设施建设工程 | 建设一批小型足球篮球场地，提高学校足球篮球场地利用率；研究制定、完善社会力量参与体育场地设施建设及运营管理的扶持政策 |
| 全民健身活动普及工程 | 开展国民体质监测和全民健身活动状况调查，完善并推行国家体育锻炼标准和运动水平等级标准。建立运动处方数据库，培养运动医生和康复师，建设慢性疾病运动干预中心 |
| 青年体育发展促进工程 | 构建社会化、网络化的青少年体育冬夏令营体系，开展青少年体育技能培训，使青少年掌握2项以上运动技能 |
| 国家体育训练体系构建工程 | 以运动员（队）为中心，以训练效益为导向，建立科学训练复合型团队和"流水线""一站式""一体化"高效工作模式 |
| 体育产业升级工程 | 聚焦全民健身和竞技体育需求，引导和支持体育用品制造企业研制开发一批急需体育用品，打造知名品牌，提升供给能力，稳步增强体育用品制造业的综合竞争力 |
| 体育文化建设工程 | 丰富全国运动会等综合性赛事和单项体育赛事的体育文化内涵 |

资料来源：笔者整理。

结合表1-3的内容，不难发现国家针对全面推动体育强国建设，将全面提升体育的普及程度、全面增强体育竞技实力、全面促进体育产业发展、有效加快体育文化建设作为国家层次的根本目标。同时将全面加大公共体育设施建设力度、大力培养高水平体育人才、全面提升体育科技创新能力、全面加大体育改革力度作为国家层次的重要任务。并且要求各级政府部门要予以政策性支持，加大资金投入、人才培养、激励机制构建力度，以此来为体育强国建设提供强有力的保障。具体而言，国家从四个方面对体育强国建设进行了系统化设计：

一是高度明确体育强国建设要分三个阶段进行，每个阶段都有明确的战略目标。其中，到2020年（近期目标），建立与全面建成小康社会相适应的体育发展新机制。到2035年（中期目标），形成政府主导有力、社会规范有序、市场充满活力、人民积极参与、社会组织健康发展、公共服务完善、与基本实现现代化相适应的体育发展新格局，体育治理体系和治理能力实现现代化。到2050年（长期目标），全面建成社会主义现代化体育强国，体育成为中华民族伟大复兴的标志性事业。

二是在全面推动体育强国建设过程中各组织和机构要明确五项重大战略任务。其中，既要全面深化落实全民健身这一重要国家战略，为推进健康中国的建设打下坚实基础，更要全面提高国家竞技体育的综合实力，让竞技体育具备更强地为国争光能力。此外，各级政府有关部门和机构要全面推动各地区体育产业的发展进程，并促使体育文化实现繁荣发展，同时还要加强对外和对港澳台体育交往。针对全面深化落实全民健身国家战略而言，该文件明确指出，要以进一步完善全民健身公共服务体系、统筹建设全民健身场地设施、广泛开展全民健身活动、优化全民健身组织网络、推进全民健身智慧化发展等多个方面作为重要抓手，切实而有效地推动健康中国建设。针对全面提升中国竞技体育综合实力而言，该文件明确指出，要对举国体制与市场机制相结合的竞技体育发展模式进行全面优化，努力打造出一套科学合理的训练体系，建立中国特色现代化竞赛体系，力求不仅足球、篮球、排球运动能够得到全面普及和提高，更能全面加快职业体育的发展进程，全面提高国家竞技体育为国争光的能力。针对全面加快国家体育产业发展速度而言，该文件明确指出，要以全面打造现代产业体系为重要抓手，在全面激发市场主体活力的基础上，不断提高公众在体育领域的消费能力，并且还要全面加强各级政府对体育市场的监督与管理，培育经济发展新动能，使体育产业能够成为当代中国经济发展道路上的支柱型产业。针对全面促进中国体育文化的繁荣发展而言，该文件明确强调，要以全社会大力弘扬中华体育精神为核心，促进中华传统体育文化的传承与弘扬，推动运动项目文化建设，促使体育文化产品得到进一步丰富，由此来满足当代社会公众对体育文化生活的切实需求。针对加强对外和对港澳台体育交往而言，该文件明确指出，中国体育事业的发展要加强自身交往能力，并形成体育交往新格局。

三是在全面推动体育强国建设中要全力开展重大工程项目的实施。具体来说，包括体育场地设施建设工程、全民健身活动普及工程、青少年体育发展促进工程、国家体育训练体系构建工程、科技助力奥运工程、体育产业升级工程、体育文化建设工程、体育志愿服务工程、体育社会组织建设工程。这九项重点工程惠及学校体育、社会体育、竞技体育三个领域，为全面提高学校体育教学质量、社会公众体育参与程度、竞技体育专业水平打下了坚实基础，中国体育事业也因此得到高质量发展。

四是在全面建设体育强国的过程中国家要为之提供六项政策性保障条件。具体而言，主要涵盖加强组织领导、加大政策支持力度、促进区域协调发展、加快体育人才培养和引进、推进体育领域法治和行业作风建设、加强体育政策规划制定等工作六方面内容。该文件之所以提出这六项政策性保障条件，其根本原因在于无论是学校体育的发展，还是社会体育和竞技体育的发展，都需要有强大的人力、物力、财力作为重要保障，这些政策性保障条件恰恰覆盖了这三个维度，无疑对学校体育工作、社会体育工作、竞技体育工作的又好又快发展提供了强大的保障。

通过以上对《体育强国建设纲要》核心内容的解读，可以总结出该文件是以中国社会主义现代化强国建设的具体实施阶段作为对照的，分别提出了到 2020 年、到 2035 年、到 2050 年国家体育事业发展的奋斗目标，并且对体育强国建设的战略任务进行了具体安排。其中，既明确强调什么是体育强国，还明确指出应该怎样建设体育强国。综观该文件的全部内容，不难发现其始终站在公众的视角来解释如何建设体育强国，并且各项战略任务始终围绕全民健身和健康中国这两个国家战略来展开，能够全面满足全社会对体育的切实需求和人民对美好生活的向往。在该文件中，还体现出体育强国的建设过程要与国家"五位一体"总体布局，以及"四个全面"战略布局和社会经济发展大格局相融合，为全面实现中华民族伟大复兴的中国梦提供重要推动力。而且在该文件中，还呈现出推进国家体育事业改革与创新发展的新思路，更加强调整体思想，让社会力量和市场力量能够成为中国体育事业创新发展的重要推动力，以此来带动中国学校体育、社会体育、竞技体育的又好又快发展。另外，在该文件中，还客观反映出各级政府部门和有关机构在全面推动体育强国建设的过程中，要对体育强国建设的系统性、复杂性、跨领域性、跨部门性这四个重要特征予以充分把握，要强调资源之间、部门之间、机构之间的相互协调，确保各相关部门和相关机构在体育资源整合与优化以及各项体育工作深化落实过程中能够协同发力，共同推进体育强国建设。

## 二、《体育强国建设纲要》对高校体育提出的新要求

### （一）高校公共体育课程内容要体现出"一站式"和"一体化"新特征

《体育强国建设纲要》明确指出，国民体质健康水平与心理健康水平要进一步得到提升，并要求政府部门将全部的体育资源整合起来，用于学校体育、社会体育、竞技体育的发展，其目的就是要进一步提高国民整体健康水平。高校是推动国家发展、实现民族复兴、维持社会进步的关键力量，因此在建设体育强国的过程中依然要深挖高校的作用。公共体育课程是高校全面提高学生体质健康水平和心理健康水平的重要平台，课程建设无疑直接关乎高校能否在体育强国建设中发挥重要作用。对此，笔者认为，在《体育强国建设纲要》全面实施的大背景之下，高校公共体育课程建设模式必须作出明显的改变，课程结构之间体现出独立性特征的同时，课程内容之间要保持紧密的联系，从而让学生可以在"一站式""一体化"的状态之下，对某一类体育运动进行全面、系统、深入的学习。这样显然更有助于学生形成终身体育意识和终身体育习惯，其体质健康水平和心理健康水平也会得到持续提升。

### （二）课程进行过程要体现出教育技术的创新性

众所周知，教学手段是影响课程建设成果的一个重要因素，教学手段丰富且具有现代性，所呈现出的课程建设效果就会更加趋于理想化，反之则不然。在这

里，教学手段的现代化和丰富性通常由教育技术所决定，也就是说先进的教育技术有效应用于课程教学活动之中，则意味着教学手段会对固有的教学手段起到颠覆性作用，先进教育技术引入的越全面则标志着教学手段的多样性和创新性特征越为明显，高校公共体育课程的进行过程也是如此。特别是在《体育强国建设纲要》深化落实的大背景之下，高校公共体育课程建设的目标及课程结构、课程内容必将以全面推进体育强国建设为根本出发点作出系统化的优化与完善，诸多新的运动项目会融入课程体系之中。然而，不同的体育运动项目其教学目标也会对课程教学活动的实施过程提出不同要求，固有的教学手段因而也不能保证能够满足课程教学活动的实际需要，所以创新教育技术自然成为《体育强国建设纲要》深化落实背景下国家对高校公共体育课程建设所提出的一项新要求。

（三）课程建设要体现出鲜明的特色

"课程建设"，顾名思义，就是以课程为基本单位进行的开发与管理工作。通过该定义不难发现，课程建设通常由课程开发和课程管理两部分构成。其中，"课程开发"是指以时代发展大背景和社会发展大环境为基础，根据学科体系发展的一般规律，对课程结构进行深度开发，体现出与时代发展背景和社会发展大环境相适合的课程目标、课程内容、课程实施方案。"课程管理"是指有效利用人力、物力、财力等有形资源以及政策激励等无形资源，确保课程开发与运行过程的有序性和稳定性。也就是说，在体育强国建设的时代大背景和提高全民健康水平的社会大环境下，高校公共体育课程建设必须围绕全面提高体育设施的利用率、丰富课程结构与内容、科学开展课程质量评价三个方面，确立课程建设目标（学生的全面发展）和课程建设方案（课程模式），这样也能使高校公共体育课程在无形之中体现出鲜明的特色，最终也会成为高校所独有的品牌。

# 第二章

# 高校公共体育课程项群化建设的理论基础概述

## 第一节　相关核心概念界定

### 一、高校

在本书中，高校是指中国高等学校的一部分，主要包括综合型普通高等院校和高等专科学校。

### 二、公共体育课程

高等学校公共体育课程基于《全国普通高等学校体育课程教学指导纲要》，是高校教学计划内课程体系的重要组成部分，充分说明公共体育课程是高校公共体育工作全面开展的核心环节。从公共体育课程建设与实施的目的来看，就是要让高校学生通过体育教学和体育锻炼过程，能够掌握一定的体育技能、体育知识、体育技巧，最终实现终身体育习惯的养成和终身体育意识的形成。而从更深层次来看，公共体育课程建设与落实的最终目标就是要让学生能够熟练掌握和运用至少两项健身技能与方法，并在参与公共体育教学和身体锻炼活动时，能够形成努力拼搏的体育精神、高尚的思想道德品质、乐观的创新精神、乐观的生活态度、积极进取的人生观和价值观，使学生不仅可以增强抵御疾病的能力，还能具备一定的环境适应能力，而这也进一步地证明了公共体育课程是高校在人才培养中所必须开设的课程，同时也是学生必须选择的公共课程。

对此，早在 2002 年 8 月，中华人民共和国教育部就在《全国普通高等学校体育课程教学指导纲要》中指出，体育课程是大学生以身体练习为手段，通过合理的体育教育和科学的体育锻炼过程，达到增强体质、增进健康和提高体育素养为主要目标的公共必修课程。根据以上定义，可将高校公共体育课程的概念界定为：为非体育专业学生所开设的体育课程。就当前而言，中国高校公共体育课程主要涵盖六个种类，分别为普修课、选修课、专项课、保健课、提高课、重修课。其间，课程的具体安排主要体现为：大一开设普修课，大二开设选修课，大三开设专项课，其他种类课程则穿插至各个年级的教学活动之中。[①]

### 三、项群分类

"项群分类"概念来自"项群训练理论"，其概念主要由两部分构成，即项群和分类。其中，学术界以田麦久先生所主编的《运动训练学（第二版）》关于项群训练理论的具体观点为依托对"项群"的概念作出了学术界定，将一组具有相似竞技特征和训练要求的竞技项目称为一个项群。[②]而"分类"的概念则是以运动项目的动作结构为依托对体育运动项目进行分类。本书以运动所需能力为依据将体育活动分为 9 个项群。

## 第二节　项群训练理论

### 一、项群训练理论的形成与发展

（一）项群训练理论的形成

早在 1984 年，中国现代运动训练理论创始人田麦久先生就提出了建立"分类训练学"的构想，并且在 1987 年发表了《项群训练理论的构思与命名》一文，从而拉开了项群训练理论研究的序幕。在此之后的三年中，田麦久先生经过潜心研究，于 1990 年发表了关于《项群训练理论的建立与应用》一文，明确指出了该理论研究的主要视角和方向，并最终于 1998 年正式出版《项群训练理论》一书，这也标志着中国体育学界正式结束了没有现代运动训练理论的阶段。

（二）项群训练理论的发展

在运动训练学理论中，主要包括一般训练学、项群训练学、专项训练学。其中，"一般训练学"通常被体育学术领域称为适用于一切运动项目的运动训练学理论，主要研究方向在于探寻各项运动所共有的规律。"专项训练学"则被体育学术领域认定为只适用于某一运动专项的运动训练学理论，主要研究某项运动本身所独有的特点。而"项群训练学"则被体育学术领域认定为适用于某一部分运动项目的运动训练学理论，其研究视角主要体现为把具有相似竞技特征的运动项目进行归纳，通过比较研究的方式找出适用性较高的训练方法和手段。基于以上对运动训

---

① 阳喜．普通高校公共体育课程教学改革的探析［J］.体育世界（学术版），2012（2）：21-22.

② 田麦久．运动训练学（第二版）［M］.北京：高等教育出版社，2017：8.

练学理论的研究视角，不难发现"项群训练理论"是介于"一般训练理论"和"专项训练理论"之间的运动训练学理论，该理论一经提出就引发了广大学者的高度关注，经过二十余年的发展，广大体育工作者深刻意识到运动项目的分类以及项群体系的构建对于体育事业的发展有着至关重要的推动作用。[①]

## 二、项群训练理论的核心观点

在项群训练理论中，针对运动项目的分类标准体现在三个方面：标准一——以决定人的竞技能力的主导因素作为分类依据；标准二——以运动项目的动作结构作为分类依据；标准三——以运动成绩的评定方法作为分类依据。针对"标准一"，作为较常见的运动项目分类标准，可将运动项目划分为体能主导类、技能主导类、技心能主导类、技战能主导类。对于这四类体育运动项目而言，还可以根据所需要能力的不同，确立起二级分类标准，最终形成以体能为主导的快速力量性项群、速度性项群、耐力性项群，以技战能为主导的隔网对抗性项群、同场对抗性项群、格斗对抗性项群、轮换攻防对抗性项群，以技能为主导的表现难美性项群和以技心能为主导的表现准确性项群，[②] 如表 2-1 所示。

表 2-1　按体育运动所需能力的主导因素对体育运动项目进行分类

| 大类 | 亚类 | 运动项目举例 |
|---|---|---|
| 以体能为主导 | 快速力量性 | 跳跃项目、投掷项目、举重项目等 |
| | 速度性 | 短距离跑项目、短距离游泳项目、短距离自行车项目等 |
| | 耐力性 | 竞走项目、中长跑项目、中长距离游泳项目、越野滑雪项目、长距离自行车项目等 |
| 以技能为主导 | 表现难美性 | 艺术体操项目、跳水项目、花样游泳项目、自由式滑雪空中技巧项目等 |
| 以技心能为主导 | 表现准确性 | 射击项目、射箭项目、弓弩项目 |
| 以技战能为主导 | 隔网对抗性 | 乒乓球项目、羽毛球项目、网球项目、排球项目、藤球项目、毽球项目等 |
| | 同场对抗性 | 足球项目、手球项目、水球项目、曲棍球项目、冰球项目、篮球项目等 |
| | 格斗对抗性 | 摔跤项目、柔道项目、跆拳道项目、空手道项目、拳击项目、击剑项目、武术项目等 |
| | 轮换攻防对抗性 | 棒球项目、垒球项目、板球项目、台球项目等 |

资料来源：笔者整理。

① 史小龙，王文龙.从项群训练理论到项群理论：项群训练理论研究的回顾与展望［J］.体育世界（学术版），2019（12）：123+8.

② 田麦久.项群训练理论的创立与科学价值［J］.中国体育教练员，2016，24（3）：6-9.

项群训练理论之所以被体育学术界称为现代训练学理论的重要组成部分，其根本原因在于理论内容不仅包括一般性训练理论，还涵盖专项训练理论。也就是说，在项群训练理论中，已经将一般性训练理论与专项训练理论有效结合起来，通过该理论可以对不同运动项目之间存在的内在联系以及各项目本身所具有的本质属性进行有效分析，将相同类型的运动项目进行项群化分类，从而总结出项群的具体特征，这无疑能够为有效开展相关训练工作和教学工作提供强有力的帮助。具体而言，广大体育工作者可以结合上述分析结果，充分明确不同运动项目本身所具有的特点，以及在训练和教学活动中的侧重点，最终建立一套适合运动员和学生的训练体系和教学体系。

从项群训练理论中关于项目分组训练理论的观点出发，笔者发现该理论的最终目的就是要让训练和教学过程能够实现"理论与实践相结合"，一般性训练理论显然对各项体育运动的训练与教学具有较强的普适性，而专项训练理论则具有较为明显的专门性，项群训练理论正处于两者之间的过渡阶段，所以通过该理论开展体育项目训练与教学活动，必然会促使运动参与目的全面达成。

另外，结合项群训练理论的发展，不难发现，在其提出的二十多年来，体育学术领域对其关注度较高，广大学者在其运用过程中也对其进行了不断完善，最终使其能够成为"一般训练理论"和"专项训练理论"之间的桥梁，"项群"这一概念随之在体育训练、体育教学、体育产业、体育管理等领域中得到广泛应用。[①] 广大学者通过实践证明：项群训练理论中关于项目分组理论的论述，对有效建立中国竞技体育发展战略，以及发现和探索同类型体育项目的训练规则与教学规则、促进竞技体育人才的培养、全面提升学校体育教学水平有着重要的推动作用。而且该理论的提出与发展，还能促使广大体育工作者清晰地意识到各运动项目之间所存在的必然规律，这样不仅有助于其正确把握各运动项目所具有的本质属性，还能确保体育工作始终朝着科学的方向发展。

## 三、项群训练理论在中国体育学术领域的地位与价值

项群训练理论在中国体育学术领域占据着重要地位，能够对体育训练和体育教学工作的全面开展提供重要的理论指导，其参考价值也较为突出。可是，该理论刚刚历经二十余年的应用与发展之路，并且在指导实践的过程之中，依然存在理论与实践无法保持高度统一的情况，还需要广大学者结合应用领域的实际情况作出具体分析，由此方可确保该理论在体育训练和体育教学工作中最大限度地发挥理论指导作用。例如，在不同体育项目的分类过程中，要结合学科、标准、项群的特征进行

① 田麦久 . 项群训练理论向项群理论的拓展［J］. 中国体育教练员，2019，27（1）：3-7.

深入分析，才能保证项群理论为体育训练和体育教学工作的顺利进行奠定坚实的理论基础。[①] 虽然该理论在体育训练领域和体育教学领域的应用并未达到较为成熟的水平，但从理论本身所体现出的整体思想来看，项群理论无疑是中国体育学界所探索出的一项重要理论成果，其应用价值和参考价值自是不言而喻。[②] 本书以高校公共体育课程为研究对象，以该理论作为重要指导，对体育教学项目的项群分类和项目群特征进行具体论述，由此来提高该理论在高校体育教学领域的应用价值，力求对体育教学领域的理论体系起到丰富作用。

# 第三节 人的全面发展理论

## 一、人的需要的全面发展

人的全面发展理论向全世界阐明了只有在深刻意识到"人的本质"的基础上，才能真正理解什么是人的全面发展，并向人们明确揭示了人的本质主要由类本质、社会本质、内在本质三部分构成。笔者通过对该理论观点的全面解读，最终发现人的类本质需要在人们自由且自觉的活动状态之下实现，社会本质则是人的社会关系的总和，内在本质则是人的具体需求，而这一本质也在全面推进人的全面发展过程中发挥着关键作用。

人的需求，无论是最基本的生存需要，还是更高层次的精神需要，都属于人的需要范畴。也正因如此，随着时间的推移，人类社会不断创造出新的生产方式，使人的全面发展逐渐成为可能。在这个过程中，不仅体现出了人的需要的内在性和规律性特征，还体现出了其在人的全面发展中发挥着推动性作用。

通过以上对人的全面发展理论的核心观点的总结，可以发现在人类社会中，由于人的需要不断形成，必然会驱使个体积极投身于各种实践活动中去，同时在实践活动中会收获与自身需要相一致的物质和精神快感，由此可以证实人的内在本质力量在其自身发展过程中具有较强的存在性与参与性特征，从而构成了人的发展历程。这也说明人的需要就是个体在发展过程中的一种内在表现，其强烈程度对于自身能否最终成为完整个体起着关键作用，随着人的需要层次的不断提升，自身的全面发展也会随之拥有强大动力。

---

① 熊焰. 项群训练理论发展若干问题思考 [J]. 中国体育教练员，2019，27（1）：8-10+18.

② 徐正旭，蔺新茂. 构建项群教学理论的必要性与可行性研究 [J]. 北京体育大学学报，2015，38（1）：100-105.

## 二、人的劳动能力的全面发展

人的全面发展理论还明确了如果从自然界这一角度出发，对于人的全面发展就可以理解为劳动能力的全面发展。而在当今学术界，对于该观点较为权威的解释则在于将人的劳动能力划分为两个部分：智力与体力。《资本论》中将劳动能力定义为人们体内所存在的、每当人们需要生产某种使用价值时就会运用的智力与体力的总和。当个体实现了劳动能力的全面发展，通常也可以认为该个体具备了完备的、能动的、可以改造客观世界的能力。在这些能力中，体力是个体与生俱来的能力，而智力则是精神层面所具有的能力，这两种能力的共同进步显然可以为个体实现其他能力的全面发展打下坚实基础。

## 三、人的个性的全面发展

人的全面发展理论对于人的个性的全面发展已经给出了明确解释，笔者经过整理，将其概括为个体个性的多元化发展。在这里，所谓的"多元化"可以理解为对个体不同层面的需求给予不同程度的满足或实现。因为在个体参与社会实践的过程中，会不断有新的需要出现，从而赋予其认识世界和改造世界的动力，个体也会在这一过程中获得更多自由。长此以往，不断产生的新需要会持续得到满足，同时也会有更多的需要被创造出来，由此形成了持续向前发展的动力。正如前所述，人们为了不断满足自身的需要，会不断进行生产，新的需要也会不断产生，而这也被学术界认为是人类的"第一个历史活动"，除物质生产，不断产生的新需要也会不断推动人们对其他客观世界进行积极改造，这一过程也促使人们的个性得到多样化发展（全面发展）。

人的全面发展理论对于个性化的全面发展而言，还明确强调存在另一个方面，即人的能力得到全面开发。因为个体认识和改造客观世界的水平主要取决于自身能力的发展水平，这一条件也将直接决定个体自身能否实现全面发展。针对这一观点，任何人的职责、使命、任务就是全面地发展自己的一切能力。恩格斯则认为，人的全面发展就是要使社会全体成员的才能得到全面发展。根据以上两个观点，总结出人的能力应涵盖自身实践能力、自身认知能力、自身审美能力等，其全面发展则是自身个性的全面发展的重要前提和保障。

## 四、人的社会关系的全面发展

关于人的全面发展理论始终强调自然界中的所有事物都具有普遍联系，并不是以孤立的状态存在，人类社会是自然界的重要组成部分，人类社会中的所有事物也都具有一定的联系，人作为社会中的一员，始终会在社会关系中生存和发展。因此，社会关系实际上决定着一个人能够发展到什么程度和"一个人的发展取决于和他直接或间接进行交往的其他一切人的发展"这两个重要观点。

笔者结合人的全面发展理论的内容，总结出人的社会关系的全面发展，其实质就是人的社会关系达到高度丰富和多样化的状态。也就是说，个体在社会中想要真正成为一个完整的人，就必须具备丰富且多样的社会关系，这些社会关系通常既包括物质和精神层面，还包括社会伦理道德和政治法律层面。在当今社会发展大环境中，社会已经赋予人更为深刻的社会意义，不再是片面发展，而是要全面发展，要与其他人、社会、自然环境保持紧密的交流和互动，成为社会发展的主角，这样才能实现真正的全面发展。特别是随着社会经济发展步伐的不断加快和社会生产力水平的不断提高，人与人之间的关系必然要突破固有的壁垒，实现跨距离和跨文化的沟通与交流，形成较为广泛且多样的社会关系，这样人与人之间才能广泛建立起命运共同体，为人类社会的全面发展提供重要的支撑，人的全面发展才能成为现实。

结合以上对该理论核心思想的具体分析，以及高校公共体育课程建设的最终目的，笔者深刻体会到虽然两者所针对的对象不同，但是初衷却高度一致，都是以实现对象的全面发展为最终目的，后者强调应该在哪些方面实现全面发展，而前者则表明了为什么要实现全面发展和应该怎样实现全面发展。这样看来，前者本身对于后者具有明显的指导意义，能够对高校公共体育课程的建设与发展提供重要的理论指导，所以在高校公共体育课程项群化建设过程中，应将其视为必不可少的理论基础。

# 第四节　协同理论

## 一、协同理论概述

在学术界，协同理论，又称"协同学"或"协和学"，该理论是经过多学科研究之后，逐渐形成的一种重要理论，对事物发展有着至关重要的理论推动作用。该理论由德国著名物理学家赫尔曼·哈肯于 1976 年提出，并对理论观点作出了全面论述。笔者通过深入解读该理论，发现该理论强调，在任何一个系统中会存在多个相互协同且相互作用的子系统，而这些子系统将会直接决定系统本身能否发挥出系统作用，决定性因素主要体现在子系统之间的相互配合与相互协调上。另外，在该理论中还对系统所处状态的演变过程作了明确分析和描述，强调系统从无序状态演变为有序状态必然要在协同效应、伺服原理、自组织原理的工作作用下完成。结合该理论，可以总结出在高等教育领域中不同学科之间可以保持相互融合的状态，而融合的方式恰恰可以采用协同理论中所提出的原理。具体来看，课程是高校人才培养道路中的基本载体，公共体育课程则是全面提高学生体质健康水平和心理健康水平的前沿阵地所在，在对公共体育课程内部各子课程之间的关系进行协调时，广大教育工作者应最大限度发挥育人合力，而这也意味着高校要以协同理论的基本原理为重要依托，对公共体育课程建设的总体思路予以明确，让各子课程的育人功能进行有效协调，从而才能使高校体育课程内部各子课程之间保持相互协同和相互促进的状态，力保公共体育课程建设能够形成全员化、全过程、全方位育人的大格局。

## 二、协同理论的国内外相关研究

### （一）国内关于协同理论的研究成果

由于协同理论主要针对不同学科之间存在的共性特征进行深入研究，所以该理论在当今社会的诸多领域得到了广泛应用。其中，在管理学、经济学、教育学等领域的应用较为普遍。

在管理学领域中，学者杜培雪认为，高校安全管理工作的开展过程就具有明显的协同特征，以协同理论为基础，可以构建出属于高校安全管理方面的协同机制，这无疑对全面提升高校安全协同管理水平能够发挥出积极推动作用。[1] 学者李萍则立足公共安全事件所反映出的应急信息状况，提出在有效处理突发性事件的过程中，应建立一整套用于应急管理的信息协同机制，并且其本人还从组织结构、信息系统、保障体系三个维度，对应急管理信息协同模式的构建思路和路径作了系统论述。[2] 学者胡裕阳则以智慧图书馆数字资源管理为研究对象，利用协同理论对数字图书馆的多元主体结构和协同模式进行了深入探索，明确提出了相关的多元协同保障机制以及多元协同的智慧图书馆数字资源管理体系。[3] 学者白文琳则是依托协同创新理论以及政府大数据治理的基本框架，对政府大数据协同治理的关键要素作了系统性分析，并在此基础上提出基于协同理论下的政府大数据治理新框架。[4]

在经济学领域中，学者尤心一则是采用计量经济学方法和协同理论，将大连市绿色港口与城市经济的协同发展进行了实证性分析，这不仅为新发展理念下港城关系研究提供了新的视角，更为新时代城市经济与社会发展提供了新的方案。[5] 学者胡其琴和杨静则是以农产品物流资金供需情况为立足点，对江苏省农产品物流的协同发展以及融资合作的可能性进行了深入研究和探索，并立足协同理论设计出适合该地区农产品物流金融发展的"担保池模式"以及"农民合作社与保险机构分担风

① 杜培雪．基于协同理论的高校安全管理协同机制研究［D］．北京：中国地质大学（北京），2018.
② 李萍．协同理论下突发事件应急管理信息协同研究［J］．中国管理信息化，2020，23（17）：178-179.
③ 胡裕阳．多元协同视域下智慧图书馆数字资源系统管理体系研究［J］．图书馆，2021（11）：23-29.
④ 白文琳．基于协同创新理论的政府大数据治理框架的构建——基于G省的案例研究［J］．信息资源管理学报，2022（2）：52-64.
⑤ 尤心一．大连绿色港口与城市经济协同发展研究［D］．大连：大连海事大学，2020.

险模式"。①

在教育学领域中，学者王雨田在 1986 年就出版了《控制论　信息论　系统科学与哲学》一书，并在第十五章中对协同理论作了系统性论述。② 随着时间的推移，国内学者对于协同理论在教育领域的应用进行了更为深入和更为全面的研究，所涉及的领域也更广。其中，学者曹雪芹就围绕高校研究生创业教育，结合协同理论，提出集"政府—社会—高校—家庭—学生"于一体的协同发展对策，确保研究生创业教育的发展能够上升至新的层次。③ 学者魏亚鹏则是以学习者参与网络学习为视角，利用协同理论构建了网络学习共同体学习资源应用体系的动态模型，并对其实际应用作了系统说明。④ 学者李存建和李冲则是以高校思想政治教育的多样性与大学生的社会性为出发点，利用协同理论为大学生思想政治教育构建出更为广阔的实践场域。其间，其本人以协同理论中的具体观点作为依托，明确了高校建立大思政格局所必须具备的条件，即高校内部与外部的协同合作，以此为高校与社会的协同教育开辟出新道路。⑤

通过对以上理论研究观点的论述，不难发现协同理论已经在国内诸多领域得到广泛应用，能够让各领域内部子系统之间形成协同发展状态，高等教育自然也不例外。然而，在高等教育课程体系建设方面，该理论的应用依然并不明显，而这也正是高校共同体育课程项群化建设难以实现的主要原因之一。本书就以该理论作为重要基础，并结合项群训练理论，对高校公共体育课程项群化建设的实践路径进行系统性研究，以此来确保当代高校公共体育课程育人价值的有效提升。

（二）国外关于协同理论的研究成果

笔者借助网络信息平台对"Synergy Theory"词条进行国外文献检索，并在检索结果中发现国外学术界对于协同理论的相关研究工作起步较早，研究的视角主要表现在以协同理论为基础对协同创新进行全面而又深入的探索，以及对该理论在其他学科和领域中的应用进行研究。国外学者之所以用上述两个方面作为研究视角，其根本原因如下：

第一，对于协同理论内容的研究，国外广大学者普遍认为"协同"的概念应为：在开放且复杂的系统环境之中，内部的各个子系统以及子系统内部各要素之

---

① 胡其琴，杨静.基于协同理论的农产品物流金融模式研究——以江苏省为例［J］.中国储运，2018（6）：109–112.
② 王雨田.控制论　信息论　系统科学与哲学［M］.北京：中国人民大学出版社，1986：462–464.
③ 曹雪芹.协同理论视域下高校研究生创业教育研究——以 H 大学为例［D］.广州：华南理工大学，2018.
④ 魏亚鹏.协同理论视角下网络学习共同体学习资源应用模型研究［D］.长沙：湖南师范大学，2019.
⑤ 李存建，李冲.协同理论视域下构建高校大思政格局微探［J］.学校党建与思想教育，2022（6）：81–83.

间，以自组织的方式，最终形成从无序到有序，并且具有稳定性的新结构的过程。而在这个过程中，需要各子系统及其内部要素之间保持相互协调的状态，并形成协调效应。在这一概念的驱使之下，国外诸多学者也意识到在人类社会发展过程中必然会不断形成新的系统，而这些系统内部的子系统之间以及子系统内部的构成要素之间要是可以保持相互协同的状态，并最终形成协同效应，那么人类社会各个领域的发展势必会呈现出理想状态，所以国外学者开始逐渐对该理论在生物学、管理学等领域的应用进行研究，研究的内容和形式由此得到不断丰富，有力地推动了该理论在现代社会中的应用与发展。

第二，对于协同创新方面的研究，国外学者认为该理论应伴随着时代的发展实现跨领域创新，并主要针对企业管理方面的协同创新进行深入研究与探索，其目的就是让更多的企业家能够利用该理论原理找到知识、技术、资本等资源得以有效协同的实施方案，从而让企业自身的管理手段和管理模式得到创新，推动利益最大化的实现。此外，还有一部分国外学者利用协同理论原理，对教育领域的协同创新进行了具体研究，主要研究内容涉及社会实践、角色担当、活动联系等方面，阐明在教育发展道路中应该彻底摒弃固有的教育方法，将协同理论有效引入教育工作之中，由此才能形成适合现代社会发展的教育体系。

通过以上论述可以发现，虽然国外学者对于协同理论的研究起步较早，并且能够将其延伸至多个领域之中（包括教育领域），取得了较为丰硕的研究成果，但在高等教育课程体系建设方面的相关研究却少之又少。对此，笔者在本书中，会在借鉴国外相关研究成果的基础上利用该理论中的具体观点，对高校公共体育课程项群化建设路径进行深入研究，让国外相关研究成果在本书中充分发挥出理论基础作用。

# 第五节　系统论

从系统论研究的领域来看，主要集中在系统的一般模式、一般结构、一般规律三个方面，[①] 其发展历程更是贯穿了人类社会发展的全过程。[②] 而在该理论正式提出之前，人们对于某一事物、某种现象、某一问题的研究通常会将其进行分解，再根据个别性质对整体事物、现象、问题进行解释。可是随着时代发展步伐的不断加快，事物、现象、问题的发展速度也随之加快，其综合化和复杂化的特点也表现得愈加明显，以上方法对于各项研究工作的开展显然不能发挥出有效的推进作用。随

---

① 张际平. 系统论与基础教育信息化应用推进［J］. 中国电化教育，2009（3）：24-29.

② 马丽扬. 系统论　信息论　控制论　通俗讲话［M］. 石家庄：河北人民出版社，1987：28-30.

着系统论的形成，人们在针对各个领域开展研究工作时，可以从全局的角度出发，对具有现代化和复杂化特征的事物、现象、问题作出客观分析，并从中找出最为有效的解决方式。

## 一、系统的整体性原理

笔者在对系统论的内容进行解读时，发现系统的整体性作为该理论的核心观点，也是其本质属性所在。具体而言，该理论向广大学者明确表达出系统之所以被称为系统，最根本的原因就是其具备较强的整体性特征。[①] 从字面含义来看，"整体性"本身自然高度强调整体观念，所以在系统论的内容中，所坚持的整体性主要体现在两个方面：一方面在于任何系统都要以有机整体的形式存在，并且系统内部必须由诸多要素构成，各要素之间不能表现出杂乱无章的状态，而是要呈现出彼此相互影响、相互制约、相互作用的关系。另一方面则在于系统本身所呈现出的功能并不是各要素功能的简单相加，而是要表现出"1+1 > 2"的效果。具体而言，在整个系统之中，各要素之间在相互影响、相互制约、相互作用之下，最终呈现出的系统功能并不是机械组合，更不是单纯相加，而是要体现出新的功能和特性，从而使系统功能变得更加强大，实现对原有系统功能的覆盖和拓展。

而在本书中，高校公共体育课程项群化建设所涉及的显然是一个复杂程度极高的系统，不仅需要明确体育项目的类型、作用、特点，还要结合项群化课程目标、内容、资源以及活动组织方式、课程评价方式四个核心要素，使其能够保持相互作用，最终形成有机的课程体系。也就是说，在项群化视域下的高校公共体育课程建设过程中，系统本身所呈现出的功能远远超出各核心要素功能的总和，通过发挥各项群以及项群内部各要素的作用合力，才能充分发挥出最大的效果，充分展现项群化课程建设本身所具有的新功能和新特质，为学生的全面发展提供有力支撑。[②]

## 二、系统的层次性原理

层次性是系统论的又一个重要属性，[③] 其原因在于任何一个系统都具有明显的复杂性、结构性、功能性，而后两者的存在就意味着系统本身的结构与功能必然会存在层次和等级之分，并且功能和结构的层次与等级的不同，也注定会导致不同系统等级的出现。[④] 在每个系统之中，任何一个系统组成部分都可以被称为低层次的

① 魏宏森，曾国屏 . 系统论——系统科学哲学 [M] . 北京：清华大学出版社，1995：66-68.
② 古翠风，刘雅婷 . 系统论视角下新时代职业教育督导队伍建设研究 [J] . 教育与职业，2020（16）：12-19.
③ 李晓辉，王汝娜 . 系统论视域下的高校意识形态安全研究 [J] . 系统科学学报，2016，24（3）：111-115.
④ 魏宏森，曾国屏 . 试论系统论的层次性原理 [J] . 系统辩证学学报，1995（1）：42-47.

子系统，其功能也各有不同，高层次的系统通常由多个低层次的子系统组成，并确保彼此之间保持相互配合和相互作用的状态，其性能也会明显高于低层次系统。而低层次系统通常也会附属于某个或某些高层次系统，且会受到其约束。

高校公共体育课程项群化建设其实质就是高校教学基本建设的一个子系统，从属于高校教务管理系统。而且该系统也会由多个低层次系统构成，其中就包括课程建设目标子系统、课程内容子系统、课程资源子系统、课程活动子系统和课程评价子系统，而且每个子系统之中又包含多个基础要素，形成一个层次分明且等级多样的项群化公共体育课程系统。

### 三、系统的开放性原理

就当前而言，人类社会正处于高度开放的状态，在所处的学习、工作、生活环境之中也会有诸多系统并存，而这些系统基本存在于目前高度开放的社会发展大环境之中。对此，系统论就结合现代社会发展的大环境，对保持开放系统稳定运行的必要条件进行了全面分析，明确强调当今高度开放的大环境可以作为一个开放系统，各子系统要与环境保持稳定的交换关系，这样不仅可以让子系统自身运行的稳定性得到不断提升，还能确保在相互交换的过程中实现自我的不断优化。在此期间，子系统既要从环境中输入更多的物质、能量、信息，又要向环境输出其所需要的物质和信息，由此方可确保子系统对社会大环境起到重塑作用。在这样的状态之下，各子系统才能在开放的大环境中长久生存，并不断朝着更加完善的方向发展，而系统本身的开放性无疑是系统长期稳定发展的必要前提条件。①

高校项群化公共体育课程的产生，可以被视为课程内容与外界环境的交换以及吸收引进项群训练理论之后所孕育出来的课程建设新方向，而这也正是教务管理系统开放交换之后所形成的一个必然结果。因为高校公共体育课程项群化建设作为一个复杂程度较高的系统，必然要具备较高的开放性，通过与政策导向、学生需求、高校体育课程改革的推进等环境因素进行交换，必然可以维持该课程长期稳定地发展。与此同时，自身在得到发展、优化的同时，也将政策导向、学生需求、高校体育课程改革等的具体要求予以有效落实，而这样恰恰实现了系统与环境的共同发展和共同进化两个最终目标。

### 四、系统的动态性原理

在系统论中，对于"动态相关"已经给出了具体定义，即系统处于动态变化且

① 姜宛彤，王翠萍，唐烨伟．基于系统论的 P-N-CRPE 个性化学习模型构建研究［J］．电化教育研究，2017，38（5）：53-58.

不断演变的过程之中，并非处于静止不动、一成不变的状态，这无疑充分体现出了系统内部所存在的重要特性。另外，该理论还明确指出，在系统内部，各子系统和要素都会与外部环境之间存在一定联系，其子系统和要素的变化都会对其他子系统和要素的变化产生相应的影响，最终导致整个系统发生变化。在这一过程中，与系统相关联的外部环境也会受其影响，其整个变化过程也呈现出牵一发而动全身的特点。

对于高校公共体育课程项群化建设这个系统而言，各子系统、要素、系统环境之间显然存在诸多必然联系，如果其中一方发生变化，那么必然会对其他与之相关联的子系统、要素、系统环境带来直接影响，并使其长期处于动态变化之中，具体表现就是高校公共体育课程项群化建设中的各个子系统之间存在相互关联、彼此衔接、功能耦合的关系，如果课程目标子系统发生变化，那么与之相关联的课程内容、课程资源子系统也会发生相应变化，各子系统的内部要素也会发生变化，最终形成一个目的较为明确的课程体系。

# 第三章

# 高校公共体育课程项群化建设的优势分析

## 第一节　有利于扩大运动项目选择范围

### 一、生存技能属性的运动项目会成为高校公共体育课程建设的重点

随着中国经济与社会发展步伐的不断加快，民众体质健康越发成为确保中国经济与社会始终保持又好又快发展的先决条件，特别是在受到不可抗力影响的特殊时期，切实将公众的生命安全放在第一位，成为中国共产党和中国政府的第一要务。[①] 这是因为每个人的生命只有一次，只有确保其体质健康水平和生命安全水平的不断提升，才能确保每个人在国家经济与社会发展中发挥出最大价值。由此可见，在全世界唯有生命最为宝贵，根据马斯洛的需求层次理论，可以得出只有在生存条件得到保证的前提之下，人才能有机会谈及理想和发展。在马斯洛需求层次理论中，明确阐述了生存需求作为人类社会寻求一切发展的根本前提，同时也是最为基本的需求所在，只有保障人民的生存需求，人们自身才能谈及爱情、自尊、自我实现等其他更高层次的需求。这也说明人类只有将生存作为前提，才能确保未来能够具备最基本的发展条件，如果人类无法保障其生存条件，那么一切发展终究是空想。在这里，人类生存需要的满足自然离不开生命教育的全面推广，而这也意味着生命教育应该作为各级各类学校素质教育的核心组成部分，也是学校"以人为本"教育理念的核心价值具体体现。笔者所提出的这一观点早已在世界范围内达成共识，其中在《世界人权宣言》等文件中，已经将生命教育作为人的基本生存权利。而从实践层面来看，生命教育的开展要从技能教育维度出发，因为只有让教育对象

---

① 人民至上、生命至上！习近平这些话感动亿万人心［BE/OL］．（2020-07-15）［2024-12-31］.http：//www.xinhuanet.com/politics/xxjxs/2020-07/15/c_1126240705.htm.

真正掌握生存技能才能够确保其生命安全，而体育活动作为人们掌握生存技能较为有力的载体，能够有效满足人们对生存的基本需要，而这也正是一些人类生存技能的形成过程成为当今体育项目变迁过程的主要原因。例如，早在远古时代，人类就通过奔跑、投掷、攀爬、跳跃等方式来获取食物，以此来保障自己能够在自然界中生存下去，随着时代发展步伐的不断加快，人们物质生活水平得到不断提升，人们对于精神需求的层次也逐渐提升，较为传统的捕获食物方式也逐渐演变成为当今体育运动项目。就当前而言，人类物质文明已经发展到空前的高度，不再需要经过走、跑、跳、投、攀爬等方式获取生存条件，但并不意味着人类生命安全不再受到威胁。

为此，2019 年中华人民共和国教育部发布第 1 号和第 2 号预警，这些警告都是以防止学生溺水为主题，由此可以说明国家对于学生溺水事件高度重视。就当前已有调查数据来看，溺亡事件已经在中国学生非正常死亡事件中排在首位。另外，2020 年 7 月，贵州省发生了公交车坠湖事件，这无疑对学校教育提出了深刻的警示。公交车内一名学生在公交车落水之后，以自身所掌握的生存技能穿过车窗游向岸边，让自己的生命得以延续。这些教训无疑为学校教育带来了沉重的警示，开展生存技能教育也随之成为当今各级各类学校教育必须关注的焦点。国家教育主管部门也以此为各级各类院校出台多项政策，最大限度倡导和督促各级各类学校开展游泳课程，其目的就是确保学生群体的生命安全能够得到最大程度保护。例如，2020 年广东省教育厅发布《关于进一步加强普及学生游泳教育工作的通知》，明确强调各级各类学校必须将游泳项目作为体育课程的重要组成部分，全力加大"硬件"师资条件和"软件"师资条件的建设力度，学校要以委托或者购买服务的形式来开展游泳课程，确保游泳项目普及各级各类学校。通过以上观点论述，不难发现无论是从国家和地方政策层面，还是从理论与现实层面来看，高校公共体育课程的建设与发展都应将生存技能性课程作为主要选择，项群化建设则是让这些具有生存技能性特征的运动项目系统化融入公共体育课程之中，从而让高校体育公共课程的教育价值真正回归本源。

## 二、更多具有普适性的运动项目将会纳入高校公共体育课程

2016 年，《"健康中国 2030"规划纲要》，明确强调在全国范围内，要全面实施国家体育锻炼标准，而且要大力组织开展群众体育休闲活动和建立健全全民健身体系，让更多群众喜闻乐见的体育运动项目能够融入广大群众日常生产生活之中。而且在中国特色社会主义现代化强国建设的大背景之下，体育强国建设作为重要基础，与中国梦的实现密切相关，而这也意味着全民健身运动要与全民健康紧密融合在一起，大力开展全民健身国家战略，由此方可持续提升全面健康水平。在这里，

体育强国梦想的最终实现以及健康中国战略的最终达成需要全民积极参与其中，而这也正是有效提高全民健康水平的必要前提条件。高校学生是重要的社会群体，在学校公共体育课程中系统化开展群众喜闻乐见的普适性体育运动项目，显然可以有效提升高校学生体质健康的整体水平，为全面实现健康中国战略目标提供重要的推动力。而且，2016 年，国务院印发《全民健身计划（2016—2020 年）》明确要让广大学生群体养成终身体育健身的良好习惯，因为学校是广大学生群体全面养成终身体育锻炼习惯的重要场所，而体育课程和教学内容则与全面达成该目标正相关，一些课程内容的引入则意味着可以让学生持续参与相关的体育运动，一些课程内容一旦"结课"则标志着学生不会再参与相关体育运动。

所以笔者认为，在高校公共体育课程中，单纯以"扁担南瓜进课堂""抬着垫子学抗洪""贴膏药、拔河"等体育项目虽然可以提高公共体育课程本身的趣味性，但并不能让学生形成终身体育意识和习惯，若学生单纯依靠这些课程内容来锻炼身体，高校体育课程本身的实用性将会大幅降低。也就是说，高校学生体育健身习惯的形成过程需要有系统性较强、技能性较为专业且学生喜闻乐见的体育运动项目作为重要支撑，如"三大球"、羽毛球、毽球、乒乓球、中长距离跑等项目，高校体育教师在将其按照技能特征进行有效分类，实现公共体育课程"项群化"建设之后，才能让学生形成终身体育意识和养成终身体育习惯照进现实。

具体而言，如果高校所设置的体育运动项目伴有场地资源短缺以及学生参与积极性普遍不高的情况时，学生离开校园步入工作岗位之后，就会将所学到的运动技能抛之脑后，因为这些体育运动无法在日常工作与生活中开展，无法让自己的身心得到陶冶，如高尔夫、赛艇、帆船等运动项目。反之，高校公共体育课程大力开展足球、篮球、排球、羽毛球、乒乓球、毽球等运动项目，并且按照运动技能特点进行项群化建设，学校不仅可以发挥出场地、设施、器材的优势，让学生系统性掌握专业化程度更高的运动技能，更可以让学生无论身处何地都能延续对这些运动项目的参与，进而帮助广大高校学生实现终身体育的目标，高校公共体育课程的意义和价值也会得到充分展现。

## 三、更多的传统体育项目将会注入高校公共体育课程之中

中华优秀传统文化作为国家经济与社会发展的"根"和"魂"，在国家经济与社会发展道路中，不仅是民族精神的重要标识，更是当代中国核心价值观念的思想渊源所在。[①] 因此，各个领域在谋求高质量发展的过程中，必须将传承、弘扬、发

---

① 靳玉乐.改革开放 40 年中国教育学科新发展·课程与教学论卷［M］.北京：高等教育出版社，2019：190.

展中华优秀传统文化作为一项根本任务。

党的十九大明确强调一个国家、一个民族在实现可持续发展的全过程中，文化自信始终是最基本，也是最深沉和最持久的推动力，如果丧失文化自信，就不会呈现出繁荣昌盛的局面，可持续发展自然无从提起。中国至今已有五千多年的文化发展史，民族传统体育文化更是中华优秀传统文化重要的组成部分，传承和弘扬民族传统文化更是增强中华民族文化自信的重要保障，民族伟大复兴也会就此拥有更为强劲的动力。可是，中华民族传统体育文化的传承与弘扬需要以民族传统体育项目的推广作为根本前提，由于高校学生对于文化有着更强的理解力，能够对中华民族传统体育文化的传承与弘扬起到重要推动作用，所以在中华优秀传统文化的推广与普及过程中，可以将高校公共体育课程作为重要载体，使之成为继承和弘扬中华民族传统体育文化的重要场域，促使高校大学生在公共体育课程的学习过程中，树立起强大的文化自信，助其成为全面发展的人。

而且，早在2015年教育部就列出了七大进入校园的体育项目，武术项目则位列第二位，由此可见国家对民族传统体育项目推广与发展的重视程度。而在2017年国家体育总局印发的《关于进一步加强武术赛事活动监督管理的意见》中，更是进一步强调了武术作为中华民族体育和文化的基本组成部分，在提高全面健康水平以及推进中国体育强国建设过程中发挥着重要作用。在2016年中共中央、国务院联合印发的《"健康中国2030"规划纲要》中，也明确指出要不断加大对太极拳、健身气功、武术等民族、民俗、民间传统体育项目的推广力度。这些具有传统性和民族色彩的体育项目与生存技能型运动项目相比，显然更有助于人们深刻理解中华民族传统体育文化，并从中产生较为强烈的文化认同感，这无疑可以为人们参与体育运动和养成良好运动习惯注入强大的动力。在2019年由国家体育总局、外交部、发展改革委、教育部等部委联合下发的《武术产业发展规划（2019—2025年）》中，明确强调了全面普及和推广中华传统体育项目对于全面建设健康中国、增强国家文化软实力、增强国际话语权、提高全民身体素质有着重要推动作用。另外，中共中央办公厅、国务院办公厅在2020年下发的《关于全面加强和改进新时代学校体育工作的意见》中，也明确指出高校公共体育课程建设道路中，要全面推广中华传统体育项目。因此，在当下乃至未来高校公共体育课程建设与发展的道路中，应根据技能特征对中华传统体育项目进行项目分类，以项群的形式存在于公共体育课程体系之中。这样既能充分展现高校体育的人文属性，还能拓展公共体育课程的运动项目选择范围，更能有效完成当今时代赋予高校公共体育课程的时代使命。

## 四、校本课程将进一步扩大高校公共体育课程运动项目选择范围

早在 2020 年，中共中央办公厅、国务院办公厅共同发布了《关于全面加强和改进新时代学校体育工作的意见》，明确指出各大高校要全面打造出"一校一品"的学校体育发展局面，而该局面的形成显然需要全面开展特色化公共体育课程建设，"项群化"固然是高校公共体育课程特色化发展的理想之选。而且早在 2007 年初，中华人民共和国教育部和中华人民共和国财政部联合印发的《教育部财政部关于实施高等学校本科教学质量与教学改革工程的意见》中，就已经明确要将课程管理的权力进一步下放至各高等学校，赋予学校自行开展公共体育课程建设工作以及自行规划公共体育课程内容两项重要权利。具体而言，就是各高校可以结合自身优势，量身定制出可以满足自身需要和高等教育体育课程改革要求的个性化课程，其目的就是要全面实现高等教育课程改革对公共体育课程建设与发展所提出的具体目标和要求，让学校公共体育课程教学的现实情况发生根本性改变。在这里，"项群化"建设思想就是以国家高等教育改革总体要求和课程纲要基本精神为指引，将学生的需求作为主体，并根据学校的性质、特点、条件，将公共体育课程运动项目进行科学合理的划分，并对课程资源进行深度开发和优化，最终形成由课程主管人员、教师、学生、体育教练员共同进行课程项群化建设与实施的过程。在这里，公共体育课程项群化建设的内涵主要表现在两个方面：一是学校先对公共体育课程所涉及的运动项目进行系统化整合，之后结合课程改革与课程发展的需要，对体育项目的类别进行选择和拓展，使其能够充分满足学生全面发展的需要。二是在高校公共体育项群化建设过程中，要结合所在地区优势体育项目（民族传统体育项目），以及当地经济发展的实际情况，科学甄选体育项群和具体课程内容。这样不仅可以有效突出高校体育课程的特色，更能赋予学生全面发展的空间，[①]满足当今高校体育课程改革和公共体育课程标准所提出的新要求。在具体实践操作过程中，各高校相关主管部门和公共体育课程教师还要立足学校体育课程的体育项群、体育资源实际情况、学生实际体育需求，建立一整套课程设计、资源开发、教学内容甄选与实施方案，充分彰显高校公共体育课程自身特色与个性的同时，让学生可选择的体育项目得到有效扩充。

另外，在中国人民政治协商会议第十三届全国委员会教育类 94 号答复函中，明确强调各级各类学校要结合所在地区的实际情况，充分发挥课程优势和资源优势，科学合理地制定出适合本校，并且能够促进全体学生全面发展的体育课程。毋庸置疑，中国幅员辽阔，各地文化也普遍具有一定的代表性，各高校因地制宜地开

---

① 　王红英、杨再淮 . 高校体育校本课程开发的理论探讨与实践研究［J］. 中国体育科技，2007（6）：132-135.

发具有地域特色、民族特色和学校特色的公共体育课程，并做到结合体育项目技能特点，进行体育项目类别划分，同时对各项群内部的体育资源不断进行深入挖掘，这样不仅会形成独具特色的校本课程，更能赋予学生更大的运动项目选择范围。

# 第二节　有利于师生间形成多元互动

在明确高校公共体育课程项群化建设过程中，对于课程教学运行全过程所具有的优势时，笔者认为应该针对当前高校公共体育课程运行的实际情况作出更加深入、更加系统的分析，这样才能确保该课程模式本身在课程运行全过程中的优势作用得以客观体现。对此，笔者就从分析影响高校公共体育课程运行效果的因素出发，从中判断出该课程模式对师生之间多元互动具有重要影响，从而得出高校公共体育课程项群化建设有利于师生之间形成多元互动这一重要结论，具体分析过程如下：

## 一、潜在变量及测量

笔者在探明影响高校公共体育课程运行效果的因素过程中，由于致力于让影响因素所发挥的作用得到充分体现，所以高度重视各变量直接存在的结构效应测量工作。在此期间，笔者在测量模型中分别设置学生对高校的印象、学生自身期望、师生互动感知、师生关系感知、公共体育课程学习与发展支持感知、学生自我收获感知、公共体育课程的满意程度7个变量，并采取学生问卷调查的方式进行赋值测量。在该方法的使用过程中，笔者采用 Likert 五分制评分法，对学生体育课程运行满意程度进行赋分（其中：数字1表示"很不满意"，数字2表示"比较不满意"，数字3表示"一般满意"，数字4表示"比较满意"，数字5表示"非常满意"）。在初步建立所有潜在变量和观测变量的基础上，笔者则采用德尔菲法征求该领域相关专家和学者的意见，并以此为重要依据将潜在变量和观测变量进行科学优化，直至获得该领域广大专家与学者认可为止，最终确立起的潜在变量和观测变量如表3-1所示。

表 3-1　高校公共体育课程满意度观测变量

| 潜在变量 | 观测变量 |
| --- | --- |
| 学生对高校的印象 | 学生自身对学校的印象（Y1） |
| | 学生自身对学校的信赖程度（Y2） |
| 学生自身期望 | 学生自身对学校的总体期望（Y3） |
| | 学生预期学校满足自身体育需求的程度（Y4） |
| | 学生自身所认为的体育课程效用（Y5） |

| 潜在变量 | 观测变量 |
| --- | --- |
| 师生互动感知 | 体育课堂与教师之间的互动（Y6） |
| | 个人运动与体育教师的互动（Y7） |
| | 体育社团、体育俱乐部与体育教师的互动（Y8） |
| | 体育竞赛与体育教师的互动（Y9） |
| 师生关系感知 | 学生与公共体育课程任课教师的关系（Y10） |
| | 学生与其他社团教师的关系（Y11） |
| | 学生与教练员之间的关系（Y12） |
| 公共体育课程学习与发展支持感知 | 体育场地、设施、器材支持（Y13） |
| | 医疗支持（Y14） |
| | 体育课程、体育活动、体育竞赛支持（Y15） |
| | 身心健康指导服务（Y16） |
| 学生自我收获感知 | 运动参与（Y17） |
| | 运动技能（Y18） |
| | 身体健康（Y19） |
| | 心理健康 / 精神品质（Y20） |
| | 社会适应（Y21） |
| | 终身体育意识和习惯（Y22） |
| | 学校体育风气和氛围（Y23） |
| 公共体育课程的满意程度 | 公共体育课程质量（Y24） |
| | 学生运动经历（Y25） |
| | 学生整体成长（Y26） |

资料来源：笔者整理。

（一）学生对高校的印象

所谓的"高校形象"，其实质就是学生利用网络、他人评价、同伴评价等多种途径，广泛收集学校相关信息，并以自己的认知水平将信息进行全面综合，最终所形成的学校总体感知。学生在进行信息综合的过程中，必然涉及公共体育课程方面的信息，所以笔者将"高校形象"作为一个潜在变量，选择"学生自身对学校的印象（Y1）""学生自身对学校的信赖程度（Y2）"两个测量变量对学生内心深处的高校形象这一潜在变量进行测量。

（二）学生自身期望

"学生期望"泛指学生在正式步入高等教育阶段之前，或者学生在接受高校公共体育课程时，对于学校和公共体育课程的理想化期待，这种期待通常是源于外界媒体对学校和公共体育课程的宣传，或者来自他人的评价，能够在一定程度上反映出高校公共体育课程项群课程建设的实际情况。所以笔者在本书中选择"学生自身对学校的总体期望（Y3）""学生预期学校满足自身体育需求的程度（Y4）""学生自身所认为的体育课程效用（Y5）"三个观测变量对学生期望这一潜在变量进行测量。

（三）师生互动感知

师生互动感知则是针对学生在公共体育课程活动中，对于课上、课外健身、体育类俱乐部、社团等与教师、体育指导员、竞赛组织者之间的互动频率的感知程度，这也能够反映出高校公共体育课程项群化实施过程的具体效果，所以笔者选择"体育课程与教师之间的互动（Y6）""个人运动与体育教师的互动（Y7）""体育社团、体育俱乐部与体育教师的互动（Y8）""体育竞赛与体育教师的互动（Y9）"四个观测变量，对师生互动感知潜在变量进行测量，由此反映出高校公共体育课程项群活动实施过程中学生与教师之间的互动频率和互动水平。

（四）师生关系感知

众所周知，师生关系作为师生互动的最终产物，是学生在与体育教师互动过程中所形成的一种心理状态，能够反映出高校公共体育课程项群活动实施过程的整体效果。所以选择"学生与公共体育课程任课教师的关系（Y10）""学生与其他社团教师的关系（Y11）""学生与教练员之间的关系（Y12）"三个观测变量，对师生关系感知程度进行测量，其分值越高则意味着师生关系越密切。

（五）公共体育课程学习与发展支持感知

所谓的"体育学习与发展支持感知"，其实质就是高校针对公共体育课程、课外体育活动、学生健身活动开展过程所提供的各种支持条件、保障条件、具体服务，而这对于高校公共体育课程的顺利实施无疑起着至关重要的作用。对于此，笔者选择"体育场地、设施、器材支持（Y13）""医疗支持（Y14）""体育课程、体育活动、体育竞赛支持（Y15）""身心健康指导服务（Y16）"四个观测变量，对体育学习与发展支持感知这一变量进行测量。

（六）学生自我收获感知

在本书中，"自我收获"泛指学生在公共体育课程中所获得的知识、技术、技能、能力、新思维等多个方面的总称，能够反映出高校公共体育课程实施的总体效果。由于教育部在 2002 年所颁布的《全国普通高等学校体育课程教学指导纲要》中，对高校公共体育课程基本目标进行了详细的阐述，所以笔者就选择"运动参与（Y17）""运动技能（Y18）""身体健康（Y19）""心理健康/精神品质（Y20）""社会适应（Y21）""终身体育意识和习惯（Y22）""学校体育风气和氛围（Y23）"七个观测变量，对高校学生公共体育课程自我收获感知这一变量进行测量。

（七）公共体育课程的满意程度

针对高校学生公共体育课程满意度的测量则是立足"公共体育课程质量（Y24）""学生运动经历（Y25）""学生整体成长（Y26）"三个方面来进行，从而进一步反映出高校公共体育课程运行的整体效果。

## 二、模型信度效度检验

### （一）信度和效度检验

在数据统计法中，所谓的"信度"是指因素测量所得结果所具有的可靠性和一致性程度，而在统计学中，针对统计的数据进行信度分析，其根本目的就是通过了解调查问卷数据之间所存在的一致性，有效反映出问卷本身是否合理。本书运用 Cronbach 系数作为模型信度检验的标准，对该模型信度进行有效检验。在此期间，笔者确保 α 系数取值保持在 0~1，其数值越大则说明学生调查问卷所呈现出的数据信度越高，当 α 系数保持在 0.6~0.66，则说明调查问卷不可取；当 α 系数处于 0.65~0.70，则说明学生调查问卷的信度保持在最低接受程度范围之内；当 α 系数处于 0.70~0.80，则说明学生调查问卷较为可信。如果 α 系数能够保持在 0.80~1，则说明学生调查问卷的信度较高。笔者通过对学生问卷调查数据的 Cronbach' α 数据进行计算，发现其数值均大于 0.800（见表 3-2），这也充分说明本书的学生调查问卷信度较高，能够反映出问卷调查内容的结构较为合理。在此之后，笔者则使用探索性因子分析法中的旋转成分矩阵输出结果，对该模型进行收敛效度检验，根据 SPSS 输出的结果显示，各潜在变量在观测变量中的载荷均超过 0.700，这也说明该模型的收敛效度较为理想。

表 3-2　模型信度和效度

| 潜在变量 | 观测变量 | 因子负荷量 | Cronbach's α 值 | 组合信度 | 平均方差变异量 AVE |
|---|---|---|---|---|---|
| 学生对高校的印象 | 学生自身对学校的印象（Y1） | 0.712 | 0.804 | 0.817 | 0.671 |
| | 学生自身对学校的信赖程度（Y2） | 0.720 | | | |
| 学生自身期望 | 学生自身对学校的总体期望（Y3） | 0.731 | 0.829 | 0.830 | 0.662 |
| | 学生预期学校满足自身体育需求的程度（Y4） | 0.767 | | | |
| | 学生自身所认为的体育课程效用（Y5） | 0.832 | | | |

续表

| 潜在变量 | 观测变量 | 因子负荷量 | Cronbach's α 值 | 组合信度 | 平均方差变异量 AVE |
|---|---|---|---|---|---|
| 师生互动感知 | 体育课堂与教师之间的互动（Y6） | 0.851 | 0.922 | 0.935 | 0.759 |
| | 个人运动与体育教师的互动（Y7） | 0.783 | | | |
| | 体育社团、体育俱乐部与体育教师的互动（Y8） | 0.723 | | | |
| | 体育竞赛与体育教师的互动（Y9） | 0.832 | | | |
| 师生关系感知 | 学生与公共体育课程任课教师的关系（Y10） | 0.841 | 0.913 | 0.914 | 0.726 |
| | 学生与其他社团教师的关系（Y11） | 0.736 | | | |
| | 学生与教练员之间的关系（Y12） | 0.719 | | | |
| 公共体育课程学习与发展支持感知 | 体育场地、设施、器材支持（Y13） | 0.836 | 0.853 | 0.846 | 0.638 |
| | 医疗支持（Y14） | 0.711 | | | |
| | 体育课程、体育活动、体育竞赛支持（Y15） | 0.835 | | | |
| | 身心健康指导服务（Y16） | 0.822 | | | |
| 学生自我收获感知 | 运动参与（Y17） | 0.861 | 0.809 | 0.811 | 0.693 |
| | 运动技能（Y18） | 0.851 | | | |
| | 身体健康（Y19） | 0.843 | | | |
| | 心理健康/精神品质（Y20） | 0.832 | | | |
| | 社会适应（Y21） | 0.822 | | | |
| | 终身体育意识和习惯（Y22） | 0.703 | | | |
| | 学校体育风气和氛围（Y23） | 0.728 | | | |
| 公共体育课程的满意程度 | 公共体育课程质量（Y24） | 0.821 | 0.934 | 0.941 | 0.787 |
| | 学生运动经历（Y25） | 0.867 | | | |
| | 学生整体成长（Y26） | 0.837 | | | |

（二）因子适用性分析

运用 SPSS 数据统计软件对学生问卷调查数据的因子适用性进行有效检验，得出样本充分性的 KMO 值为 0.916，样本分布的巴特利球形检验方卡值为 4113.48，相伴概率为 0.000，这一数值明显小于显著水平 0.05 的标准，由此可以说明各变量的动力性假设并不成立，因此笔者采取因子分析的实用性检验，具体数据如表 3-3 所示。

表 3-3 KMO 和 Bartlett 的检验

| KMO | | 0.916 |
|---|---|---|
| 巴特利球形度检验 | 方卡值 | 4113.48 |
| | 自由度 | 240 |
| | 显著性 | 0.000 |

（三）模型拟合指数检验

在对本书所构建的高校公共体育课程学生自我收获感以及课程满意度模型进行第二次信度和效度检验之后，对模型本身的拟合度进行了全面检验，具体如表 3-4 所示。检验结果显示，该模型的各项指标都已经趋于理想状态，而这也能够充分证明笔者所构建高校公共体育课程学生自我收获感以及课程满意度模型对于本书具有明显的分析意义。

表 3-4 结构模型的拟合指数

| 拟合指标 | CFI 简效拟合优度指数 | PNFI 简效规范拟合指数 | GFI 拟合优度指数 | RMSEA 近似误差均方根 | NFI 规范拟合指数 | IFI 增量拟合指数 | GFI 比较拟合指数 |
|---|---|---|---|---|---|---|---|
| 建议值 | > 0.5 | > 0.5 | > 0.85 | < 0.08 | > 0.9 | > 0.9 | > 0.9 |
| 检验值 | 0.725 | 0.824 | 0.934 | 0.059 | 0.948 | 0.926 | 0.932 |

## 三、模型检验

笔者为保障该模型本身的准确性和可靠性，充分反映出师生间多元活动对高校公共体育课程运行效果所能够产生的重要影响，对该模型进行假设检验，具体模型假设和检验结果如表 3-5 所示。

表 3-5 模型假设检验

| 模型假设 | 因果关系 | 标准化路径系数 | t 值 | 显著性 |
|---|---|---|---|---|
| $H_1$ | 高校形象对学生自我收获存在正向影响 | −0.089 | −0.628 | 不显著 |
| $H_2$ | 高校形象对学生体育课程满意度存在正向影响 | −0.014 | −0.428 | 不显著 |
| $H_3$ | 高校形象对于学生期望存在正向影响 | 0.145 | 2.369 | 显著 |
| $H_4$ | 学生期望对自我收获存在正向影响 | 0.211 | 13.460 | 显著 |
| $H_5$ | 学生期望对学生公共体育课程满意度存在正向影响 | 0.201 | 15.632 | 显著 |
| $H_6$ | 师生互动对学习与发展支持存在正向影响 | 0.217 | 1.980 | 显著 |

续表

| 模型假设 | 因果关系 | 标准化路径系数 | t 值 | 显著性 |
|---|---|---|---|---|
| $H_7$ | 师生互动对师生关系存在正向影响 | 0.387 | 5.379 | 显著 |
| $H_8$ | 师生互动对学生自我收获存在正向影响 | 0.288 | 8.347 | 显著 |
| $H_9$ | 师生互动对学生公共体育课程满意度存在正向影响 | 0.281 | 4.237 | 显著 |
| $H_{10}$ | 师生关系对学习与发展支持存在正向影响 | −0.154 | −12.021 | 不显著 |
| $H_{11}$ | 师生关系对自我收获存在正向影响 | −0.105 | −10.931 | 不显著 |
| $H_{12}$ | 师生关系对学生公共体育课程满意度存在正向影响 | 0.457 | 16.547 | 显著 |
| $H_{13}$ | 学习与发展支持对学生自我收获存在正向影响 | 0.313 | 12.256 | 显著 |
| $H_{14}$ | 自我收获对学生公共体育课程满意度存在正向影响 | 0.394 | 8.584 | 显著 |

　　在进行模型的信度与效度检验之后运用结构方程软件，对模型的假设路径的显著性予以检验。结合统计学方面的具体定义，如果 t 值大于 1.96，而且 *p 数值小于 0.05 时，说明该参数能够达到 0.005 的显著水平。如果 t 值大于 3.29，而且 *p 值小于 0.001 时，则可以说明该参数可以达到 0.001 的显著水平。结合上表中的数据，可以看出共四条假设路径 t 值明显小于 1.96，这也说明这四条假设本身不具备显著性，需要对该模型进行进一步修正。其中，高校形象在学生期望方面、学生期望在自我收获方面、学生期望在公共体育课程满意度方面、师生活动在学生学习发展与支持方面、师生互动在师生关系方面所具有的显著性较为明显。

　　在这里，被删除的假设路径则分别为 $H_1$、$H_2$、$H_{10}$、$H_{11}$。其中，$H_1$ 和 $H_2$ 是高校形象在自我收获和公共体育课程满意度方面不具备显著影响，笔者根据学生调查问卷的内容和结果进行分析，究其原因主要在于学生对于高校的评价以及高校认可度越高，那么自身对于公共体育课程的期望值也会随之提高，这也意味着学生在公共体育课程质量水平方面有着较大期望。可是从事实的角度来看，在高校公共体育教学过程中，由于学生的需求具有多样性，所以课程设置的整体质量很难达到每一名学生的期望值，由此也导致高校形象在学生自我收获感以及学生体育课程满意度方面并未能形成直接、正向、显著的影响。$H_{10}$ 和 $H_{11}$ 则是师生关系在支持学生公共体育课程学习和发展以及公共体育课程自我收获方面并不具有显著影响，这也充分说明师生关系作为学生对公共体育课程教师、体育社团指导教师、体育俱乐部教练之间关系的一种感知，其实质就是一种心态，与学校、公共体育课程、体育教师对于学生运动参与所提供的服务和支持关系并不明显。但是，还有一点不可否认，师生关系与学生在公共体育过程中知识与技能的获得以及身体素质和精神品质的提升也没有显著联系。

## 四、模型分析

以结构方程模型作为基础，将假设路径作出进一步调整，在删除影响不显著的假设路径之后，对高校公共体育课程在学生自我收获以及满意度的结构方程进行有效修正，并且作出系统性分析，主要包括以下七个方面：

### （一）高校形象的影响

从高校公共体育课程建设效果的角度进行分析，不难发现在广大高校学生内心之中，高校形象对于学生的公共体育课程满意度以及自我获得感的影响并不显著，而高校形象对于学生期望的影响则具有较为显著的影响。也就是说高校形象越好，学生对于公共体育课程的期望越高，越有助于师生之间建立良好互动，反之则不然。所以笔者将高校形象对于学生体育课程满意度以及学生自我获得感两条建设路径予以删除。然而，从事实的角度出发，就高校公共体育课程建设与运营的实际情况来看，课程显然很难做到全面满足广大高校学生切实需求，这也正是高校形象之所以与学生公共体育课程满意度以及学生自我收获感不能产生直接、正向影响的根本原因所在。对此，这也意味着高校在进行公共体育课程改革的过程中，必须将满足学生体育参与的切实需求作为根本出发点，最大限度地满足学生对公共体育课程的期望，这样才能让学生高度认可公共体育课程，并且成为高校课程体系建设的一大特色。而项群化建设的显著特征就是课程类别较多、学生可选择的空间较大、课程内容与教学方法更加多元化，能够做到最大限度地满足学生运动参与需要。在这样的课程运行状态之下，学生也更愿意与教师保持互动，能够成为高校课程体系中特色鲜明的课程。

### （二）学生期望的影响

经过分析，发现学生对高校公共体育课程的期望在自我收获以及对公共体育课程满意度方面影响较为显著，标准化路径的系数已经分别达到 0.211 和 0.201，虽然这一数据在所有路径系数中的排名不能处于前列，但是依然可以得出一条重要结论：学生对于公共体育课程的期望程度越高，往往意味着越注重课程的整体质量。但是学生之间对于课程运行效果的切身感受存在普遍差异，同时由于在课程参与过程中，学生会受到多方面因素的影响，所以学生在课程参与过程中对课程实际效果的感受也不尽相同，只是学生课程参与体验感与期望之间存在差距，课堂中的师生互动也会随之受到影响。这也说明在当前高校公共体育课程改革过程中，教师要加强对公共体育课程内涵的建设，同时还要根据新课程标准中的相关要求，将课程活动进行有目的的规划，促使学生能够为了获得自身切实需求而不断付出努力。这样显然可以为课程中的师生互动提供良好平台，学生的课程参与体验感和获得感也能够得到强有力的保障。由于公共体育课程项群化建设本身就强调课程内容、课程形式、课程教学方法的系统化与多样化，所以能够有效满足学生对理想公共体育课程的期望，学生与教师之间也会在无形中形成并保持多元化的互动状态，课程运行过程中学生的自我获得感也会明显增强。

（三）师生互动的影响

互动变量设置了公共体育课程运行过程的师生互动、个人身体锻炼中的互动、体育社团与俱乐部中的互动、体育竞赛中的互动四个观测变量，其重要性数据分别为 0.851、0.783、0.723、0.832。根据这组数据，不难发现学生视角下的师生互动主要体现在课堂教学这一维度。对此，高校公共体育课程建设必须将课堂作为师生互动交流的主要阵地，以全面丰富公共体育活动内容和形式为主要手段，将不断丰富课程教学方法作为重要抓手，以此为学生营造出良好的公共体育课程运行氛围，而这无疑也是有效提升课程质量的重中之重。在这一过程中，广大高校公共体育课程任课教师显然要面对诸多挑战，主要体现在课程设置的科学化、课程资源选择的合理性、课程教学方法的多样性、课程教学管理的系统化与人性化等多个方面。针对这一结论，接下来就结合具体观测数据进行客观而又系统的论述。

1. 师生互动对于学习与发展支持有正向影响

师生互动在学生体育学习与发展支持方面，呈现出明显的影响力。根据笔者所进行的数据统计结果显示，其标准化路径系数达到 0.217，且只存在直接效应，并不具备间接效应。从显著性水平来看，相对偏低。深入探究高校公共体育课程学习与发展支持的主要构成，包含体育场地器材支持、医疗保障支持、体育课程、活动竞赛支持以及身心健康指导服务。在这些要素中，体育场地器材支持依托于学校的物力资源投入，医疗保障支持关乎学校的政策规划，体育课程涉及课程设置体系，活动竞赛支持也多与政策导向、资源筹备相关，这些部分对师生互动的依赖程度较小。

2. 师生互动对于师生关系有正向影响

根据笔者所进行的数据统计结果显示，其标准化路径系数达到了 0.387，在师生互动所产生的诸多路径里，对师生关系的影响系数最为突出。这表明，当师生互动呈现出高频率、高水平以及高质量的态势时，十分有利于构建良好且亲密的师生关系。从路径系数能明确知晓，在高校公共体育课程学生自我收获感和满意度的结构方程模型中，师生互动对师生关系的积极影响占据着重要地位。师生互动广泛存在于大学生运动的各个领域，在体育课堂上，学生与教师通过知识传授、技能指导等环节展开互动；在个人运动经历方面，学生分享心得、交流感悟，教师给予建议，互动悄然发生；在体育类社团与俱乐部活动中，师生因共同的兴趣爱好聚集，在组织活动、参与训练时频繁互动；体育竞赛更是师生互动的重要场景，从赛前筹备、赛中指导到赛后总结，互动贯穿始终，几乎涵盖了大学生所有的运动范围。课程活动能够促使各个场合的师生互动都朝着高频率、高水平方向发展，那么师生关系自然会朝着积极方向稳步前行。

3. 师生互动对于学生自我收获有正向影响

根据数据统计结果，其标准化路径系数达到 0.288，而这一系数直观地展现了师生互动与学生自我收获之间的紧密联系。师生互动并非仅通过单一途径作用于学生自我收获，它还借助学习与发展支持产生间接效应。所谓间接效应，即某一变量经一个或多个中介变量对结果变量所产生的效应程度。具体衡量方式为：从起始变量出发，历经所有中介变量最终抵达结果变量，将此过程中所有路径系数相乘。经计算，师生互动对学生自我收获的间接效应为 0.068，而总效应则为 0.356。高频率且高质量的师生互动，能够助力学生自我收获，学生的自我收获涵盖多个层面，包括运动参与、运动技能、身体健康、心理健康/精神品质、社会适应以及终身体育思想。这些收获呈渐进式发展，从较为基础的运动参与和技能掌握，逐步深入身体素质提升、意志品质锤炼，直至社会适应能力的增强和终身体育思想的建立。与之形成鲜明对比的是，低频率、低水平的师生互动虽能在一定程度上促进学生的运动参与和运动技能的提升，但在身体素质提升、意志品质锻炼方面显得力不从心，更难以在提升社会适应能力和构建终身体育思想上发挥有效作用。

4. 师生互动对于体育课程满意度有正向影响

据数据统计结果显示，该观测指标的标准化路径系数达 0.281，清晰呈现出师生互动与体育课程满意度之间紧密的正向关联。师生互动对体育课程满意度的影响途径多样：一是通过"学习与发展支持"和"自我收获"产生间接效应，数值为 0.027；二是借助"师生关系"产生间接效应，大小是 0.177。经计算，师生互动对体育课程满意度的总效应高达 0.458，这一显著的影响效果表明，高质量的师生互动能切实有效地提升学生对体育课程的满意度。体育课程满意度涵盖运动氛围、课程质量、运动经历和整体成长等多个方面，是学生自我收获感发展的产物，与自我收获存在紧密联系。这意味着，要提升体育课程满意度，同样离不开高频率、高水平、高质量且多范围的师生互动。高频率互动让学生时刻感受到教师的关注，高水平互动能给予学生精准专业的指导，高质量互动可确保互动内容充实且富有成效，多范围互动则能满足学生在不同学习场景和需求下的交流。

（四）学习与发展支持的影响

学习和发展支持的观测变量主要包括体育场地、医疗措施、课程活动、身心健康指导四个方面支持条件，所测得的重要性分别为 0.836、0.711、0.835、0.822。

结合这一组数据不难看出，体育场地器材所提供的支持作用重要性最大，因为场地和器材作为公共体育课程顺利开展的物质基础所在，在学生知识与技能、能力与素养全面发展的过程中，同样发挥着重要作用，如篮球场、排球场、足球场、羽毛球场、乒乓球场地等，无论是在数量上，还是在质量上都会对课程运行过程与效果以及学生运动兴趣的激发和健身效果的呈现产生直接影响。公共体育课程支持、竞赛支持、活动支持的重要性之所以达到0.835，其根本原因在于学生在参与公共体育课程学习和促进自己身心发展的过程中，除必要的物质基础外，还需要有较为合理的课程设置、良好的体育文化氛围、校内竞赛机制、校内外体育活动有效衔接等条件作为保障。与此同时，各项工作更是需要相关主管部门进行精心设计与安排，力保能够为学生积极参与公共体育课程活动提供制度保障。除这两方面支持以外，高校公共体育课程高质量运行过程中，给学生提供的身心健康指导和医疗措施支持也需要得到高度重视，因为从运动损伤的特点出发，处理方式显然不能与常规疾病的处理方式相提并论，需要有专业的医疗保障人员为之提供服务，可是就当前高校内部所设置的医疗机构来看，普遍尚未存在运动损伤门诊，所以这一支持条件的重要性占据0.711。另外，学习与发展支持对于学生自我收获也呈现出较为显著的正向影响，其标准化路径系数达到0.313，该数据也充分表明两者之间表现出的是直接效应，并非间接效应。通过以上数据，可以得出一条重要结论：在学习与发展支持条件中，公共体育课程所能够提供的场地器材、医疗措施、体育活动与竞赛支持以及身心健康指导服务知识既是学生实现自我收获的重要基础，也是根本前提条件所在。也就是说，公共体育课程为学生学习与发展所提供的支持越明显，学生自身的自我获得感就会愈加明显。而这与其他路径系数相对比，学习与发展对于学生自我收获程度的影响却并不明显，这也说明高校公共体育课程建设过程中，对于学生学习与发展方面所提供的支持还有待进一步提升，需要进一步在人力、物力、财力方面加大投入力度。

（五）师生关系的影响

师生关系观测变量主要包括学生与公共体育课程任课教师之间的关系、学生与体育社团指导教师之间的关系、学生与竞赛组织教练员之间的关系三个观测变量，其重要性数值分别为0.841、0.736、0.719。结合这一组数据可以总结出，学生与公共体育课程任课教师之间的关系占主导地位，因为高校公共体育课程作为全面促进学生身心健康发展的主要阵地，其任务包括增强学生身体素质，让学生掌握更多的运动知识和运动技能以及注重对学生精神品质和意志品质的全面培养。在该过程中，教师在讲解与示范的过程中，就可以将运动知识和运动技能传授给学生，而在学生精神品质和意志品质的养成过程中，则需要师生之间保持高频互动，并建立良好的师生关系才能实现。而与体育社团指导教师之间的关系之所以排在次席，其主要原因就是学校往往更加注重体育文化建设，体育社团和体育俱乐部的活动普遍较为丰富，其开展的质量要明显好于体育竞赛组织与开展的质量。与竞赛组织教练员之间的关系重要性之所以排在最后，其最根本的原因就是具备参与这些体育活动条件的学生相对有限，多数学生不具备通过此类机会进行身体锻炼的条件，而这对于高校公共体育课程建设显然也指出了明确方向。

根据数据统计结果，可以得出其标准化路径系数达到 0.457，在各类路径影响效应里占据榜首位置。特别之处在于，师生关系对体育课程满意度仅存在直接效应，并不涉及间接效应，可以直接左右学生对公共体育课程的满意程度与认可态度。在这里，可以明确师生关系越是和谐、亲密，学生对体育课程的满意度就越高，对体育课程所能达成的效果也越发认同与接纳，这无疑凸显出师生关系建设在体育课程体系中的核心地位。就目前而言，高校公共体育课程任课教师面临着一个亟待破解的重要课题，即怎样合理地将"教学"与"育人"有机融合。一方面，体育教师要坚守体育教学阵地，但又不能被传统体育课堂模式所束缚。另一方面，需充分发挥体育课程的育人功效，积极探索创新教学方法。就当前而言，体育课程的传统教学方式已难以契合现代大学生的行为认知水平。继续采用这种陈旧方法，不仅无法有效增强学生体质，还会削弱学生对体育的兴趣，致使与体育课程目标渐行渐远，学生对体育课程以及体育教师的认可度也会随之降低。具体而言，课堂中教师往往会按部就班地讲解体育理论知识，对于体育精神以及人的全面发展的阐释流于表面，缺乏深度与广度。在教学侧重点方面，部分教师过度关注竞赛组织，而在学生教育层面投入不足；有的教师一味重视运动技能与竞赛技巧的传授，却忽视了学生综合素养的提升；还有一些教师仅仅将教学活动局限于课堂之内，对课外体育活动的指导几乎为零。这些做法都极大地阻碍了良好师生关系的构建，导致师生关系趋于疏远，进而给体育课程育人效果带来一定的挑战。

（六）自我收获的影响

自我收获变量主要涵盖运动参与、运动技能、身体健康、心理健康/精神品质、社会适应、终身体育思想观念、体育风气七个观测变量，其重要性数值分别为：0.861、0.851、0.843、0.832、0.822、0.703、0.728。结合该组数据，可以得出一条较为重要的结论：运动参与的重要性居于首位，之后则是身体健康。而被视为高校公共体育课程基本目标的心理健康/精神品质、社会适应、终身体育思想观念的重要性数值则相对较低。分析这一结论，笔者认为这组数据能够反映出当前高校公共体育课程对于学生学习收获方面，依然存在一定的局限性，具体表现就是学生往往只是通过公共体育课程参与体育运动，同时参与只是体现在字面意思之上，很难达到新一轮高校公共体育课程改革所提出的"至少掌握两项运动技能"这一目标。而且在高校公共体育课程考试结束之后，学生认为对于该项体育运动的学习和参与就此结束，运动参与的延续性相对较低。这样就导致广大学生在公共体育课程中只是收获了运动参与经历，自身的身体健康水平能够得到一定提高，可是在体育精神的养成、终身体育思想观念的形成、社会适应能力的培养方面收获甚微。再从高校公共体育课程的基本属性来看，教育属性无疑排在第一位，也就是说高校公共体育课程在向学生传授体育知识和运动技能的同时，还要注重对学生精神层面和社会适应能力方面的培养，如若不然，必然会影响学生对公共体育课程的满意度。另外，学生在参与较为理想的公共体育课程活动时，还会潜移默化地增强自身纪律意识、组织意识、公平竞争意识、坚韧不拔的意志品质，所以这也为高校公共体育课程建设指明了又一方向，将其转化成为现实也标志学生在知识、技能、能力、素养方面会得到全面发展，学生对于公共体育课程的满意度会得到最大程度的提升。

结合数据统计结果，可以看出其标准化路径系数为 0.394，这一数值直观且有力地彰显出自我收获与体育课程满意度之间紧密的正向关联。尤为特别的是，自我收获对体育课程满意度仅存在直接效应，并不存在间接效应，它直接且关键地左右着体育课程满意度的高低。显然，学生在体育课程中的自我收获越多，对该课程的满意度便会越高。可以说，学生对于体育课程的满意程度，在很大程度上取决于他们从体育课程当中所获得的收获。而公共体育课程收获大小的关键，在于体育课程功能是否能够充分发挥。体育课程蕴含着极为丰富的育人内容与多样的载体。体育知识、技能的传授，体育精神的弘扬以及对学生社会适应能力的培养，都对学生的成长发展有着举足轻重的意义。一旦学生无法切实感受到这些作用，那么他们对体育课程的满意度自然会随之降低。就当前高校公共体育课程开展的现实情况，不难发现其在学生个体发展功能的发挥上存在明显不足。多数学生在体育课程中仅仅是被动接受体育教学，掌握了部分基础的体育知识和技能。然而，在自我认识的深化、自我丰富以及自我挑战方面存在明显缺失，更难以在体育训练过程中培养出优秀的意志品质，在竞赛中也未能很好地塑造团结协作精神以及强大的心理抗压能力。

（七）体育课程满意度

课程满意度共设置三个观测变量：公共体育课程质量、学生运动经历和学生整体成长情况，经过测量后得出重要性数值分别为 0.821、0.867、0.837。针对这种数据，可以看出学生运动经历和整体成长情况的重要性数值居于前两位，而公共体育课程整体质量和体育风气氛围排在后两位，这也充分说明在当前高校公共体育课程运行过程中，对于学生心理健康、精神品质、社会适应能力发展的促进作用并不明显，这样也造成学生在公共体育课程参与过程之中，往往收获的只是运动经历和学分，学生通常只是对看似较为简单的运动项目进行了了解，无法真正实现系统性掌握。这样的公共体育课程运行过程对于学生体育兴趣以及良好运动习惯的养成的作用并不明显。

综观本节所阐述的内容，不难发现高校影响学生对高校公共课程满意度的主要因素在于学生期望、师生关系、自我收获、师生互动，其中标准化路径系数分别达到 0.201、0.457、0.394、0.458。师生关系的标准化路径系数最高，而这也意味着高校公共体育课程改革与建设过程中，应该将全面提高师生互动作为重中之重，公共体育课程项群化建设因其能够为课程教学活动提供丰富的资源和保障条件，所以必然会促使课程运行全过程形成多元化的师生互动，课程建设与运行的整体质量和水平自是不言而喻。

# 第三节　有利于增加学生课堂体育知识

## 一、部分高校公共体育课程教学内容及相关运动项目融入情况调查结果与分析

（一）部分高校公共体育课程实践课安排的实际情况

高校公共体育课程是高校大学生在校期间所必须学习的一类课程，在《全国普通高等学校体育课程教学指导纲要》中明确规定："普通高等学校一、二年级必须开设共计 144 学时的体育课程。"可是，在进行关于高校公共体育课程设置情况的实地调研过程中发现广大高校普遍将公共体育课程划分为必修课与选修课两类，前者主要分布在大一阶段和大二阶段，进入大三阶段和大四阶段之后，学生才能按照自己的兴趣爱好有选择性学习喜欢的运动项目。根据表 3-6 中所呈现的部分高校公共体育课程运动设置情况，能够直观感受到所涉及的运动项目普遍较为全面，除受众范围较大的常见运动项目之外，还会设置具有地方特色或学校特色的运动项目，但是在选课时必须按照先必修、后选修的要求来进行。

表 3-6　部分高校公共体育课程实践课安排情况调查统计

| 高校名称 | 公共体育课程开设的运动项目 |
| --- | --- |
| ××××× 大学（学院） | 足球运动项目、排球运动项目、篮球运动项目、羽毛球运动项目、乒乓球运动项目、网球运动项目、健美操运动项目、太极拳项目、游泳运动项目 |
| ××××× 大学（学院） | 足球运动项目、排球运动项目、篮球运动项目、羽毛球运动项目、乒乓球运动项目、网球运动项目、武术项目、艺术体操项目、体育保健项目、瑜伽项目、健美操项目、散打项目、轮滑项目、荷球项目 |

续表

| 高校名称 | 公共体育课程开设的运动项目 |
|---|---|
| ×××××大学（学院） | 足球运动项目、排球运动项目、篮球运动项目、羽毛球运动项目、乒乓球运动项目、网球运动项目、健美操运动项目、体育舞蹈项目、体育养生项目、跆拳道项目、民族传统武术项目、毽球运动项目、木球运动项目 |
| ×××××大学（学院） | 足球运动项目、排球运动项目、篮球运动项目、羽毛球运动项目、民族传统武术项目、健美操运动项目 |
| ×××××大学（学院） | 足球运动项目、排球运动项目、篮球运动项目、羽毛球运动项目、乒乓球运动项目、网球运动项目、民族传统武术项目、太极拳项目、健美操运动项目、腰鼓项目等 |
| ×××××大学（学院） | 足球运动项目、排球运动项目、篮球运动项目、羽毛球运动项目、乒乓球运动项目、网球运动项目、民族传统武术项目、舞龙舞狮项目、散手项目、定向越野项目、空竹项目、瑜伽项目等 |
| ×××××大学（学院） | 足球运动项目、排球运动项目、篮球运动项目、羽毛球运动项目、乒乓球运动项目、网球运动项目、健美操运动项目、民族传统武术项目、体育游戏项目 |
| ×××××大学（学院） | 足球运动项目、排球运动项目（含气排球项目）、篮球运动项目、羽毛球运动项目、乒乓球运动项目、网球运动项目、健美操运动项目、民族传统武术项目、荷球项目、手球项目、搏击运动项目、柔力球项目、花式跳绳项目 |

资料来源：笔者整理。

就公共体育课程建设而言，课程内容的多样性固然可以有效满足学生对体育运动的切实需求，有助于学生积极参与身体锻炼，并且也能够为广大高校公共体育课程任课教师全面培养学生体育核心素养提供较为广阔的平台。笔者认为高校广大公共体育课程任课教师还需要深刻意识到将多样化的课程内容进行有效整合，并对其进行科学合理的课程设置，由此才能确保这些课程内容真正发挥出应有的教育价值。例如，在广大高校公共体育课程中，武术项目的引入要以学生系统掌握相关知识与技能以及深刻感受武术文化为根本目的，因为只有这样武术项目在公共体育课程中的教育作用才能充分发挥出来。这样单纯将其增加至某一学期课程教学计划之中显然并不可行，这样会导致学生无法系统化了解和学习该项目内容。因此要结合技能特点，将其划分至表现难美性项群之中，并结合其他运动项目的课程计划制定情况，使其有效融入公共体育课程体系之中，这样才能确保学生对武术项目进行系统性学习，达到引领学生体育核心素养全面发展的最终目的。

高校公共体育课程作为促进学生身体健康和心理健康发展的基本单位，由于公共体育课程所涉及的运动项目种类较多，并且不同运动项目的特点和规则也各有不同，并且不同的运动项目又对学生身心健康发展起到不同的推动作用，所以在高校公共体育课程实施过程中，要根据运动项目特点设置不同的教学目标和教学任务，确保学生不仅可以充分了解运动项目，更能全面掌握相关运动技能、提升运动能力、发展体育核心素养。可是，如何才能结合当前高校现有的公共体育课程运动项目，将与之相关的运动项目进行深入挖掘，并且能够将其融入日常实践课程之中，显然就成为广大教师必须关注的一个焦点。结合表3-7的调研结果，可以得出一条重要结论：已经将其他运动项目融入高校公共体育课程日常教学活动中的教师仅有4人，占调研对象总人数的5%，只在部分课程或某种教学情境中将其他运动项目予以融入的教师人数为10人，占调研对象总人数的12.8%，还未能将其他运动项目有效融入课程教学活动的教师有12人，已经占到调研对象总人数的15.3%，还有52位教师认为自己正在参考和借鉴他人所积累的成功经验，但还未能将其真正运用到自身教学活动之中，这一部分教师则占到调研对象总人数的66.7%。结合以上调研数据不难发现，就当前高校公共体育课程建设与实施过程而言，课程内容本身的延展性还存在进一步提升的空间。而基于访谈结果，笔者能够总结出造成这一普遍现象的原因并不复杂，就是高校对于《全国普通高等学校体育课程教学指导纲要》内容的解读还需要进一步加深，也就是说虽然在该文件中，已经对高校公共体育课程的教育理念和课程内容提出了明确要求，可是广大教师依然将课程内容限定在教学大纲范围之内，并且未能对其运动项目的技能特征做出系统分析，从而导致虽然课程所涉及的运动项目并不少，但是彼此之间存在的关联性却并不明显，所以课程内容体现出明显的单一性以及课程内容之间具有较为明显的割裂感，对学生深入了解和掌握某一类体育运动带来不同程度的制约。

表3-7 部分高校公共体育课程融入其他运动项目情况

| 融入情况 | 人数（人） | 所占比例（%） |
| --- | --- | --- |
| 已经将多个运动项目融入，并在课程教学中得以体现 | 4 | 5 |
| 正在逐步融入其他运动项目，在部分课程中已经得到体现 | 10 | 12.8 |
| 正在参考与借鉴他人所取得的经验 | 52 | 66.7 |
| 在课程运行中并没有做到有效融入 | 12 | 15.3 |

注：N=78。
资料来源：笔者整理。

此外，通过查阅大量的资料和积极开展调研工作，还发现当前高校在公共体育课程建设过程中，除大力开设学生普遍熟知的运动项目之外，还有部分高校会结合所在地区的体育文化开设与之相关的运动项目，并形成一套完整的公共体育课程体系（见表3-8）。综观这些运动项目，可以总结出三个重要特点：受众群体较小、文化气息浓厚、新颖程度较高。例如，腰鼓作为中国古老的打击乐器之一，具有浓厚的文化底蕴，其魅力主要体现在可以充分展现出黄土高原地区人们淳朴的性格，将其作为高校公共体育课程的主体，不仅可以充分彰显公共体育课程本身所具有的教育性功能，更能体现出艺术性功能。具体而言，经过笔者的调研，可以总结出××××大学公共体育课程所设置的腰鼓项目开展效果良好，学生在田径场学习具体技术动作和队形演变时，对学生身体素质、运动技能、情感与价值观念都能起到积极的促进作用。因为腰鼓作为中国古代传统艺术工艺项目，使学生在学习过程中可以感受到浓烈的传统文化气息，体验富有民族色彩的运动乐趣，适当将课堂运动负荷进行调整，学生在知识、技能、能力、素养方面能够获得较为理想的发展空间，课程教学的整体质量也由此得到明显提升。

表 3-8　部分高校公共体育课程开设特色体育项目调查统计

| 课程名称 | 高校名称 |
| --- | --- |
| 腰鼓 | ××××× 大学（学院） |
| 木球 | ××××× 大学（学院） |
| 短兵 | ××××× 大学（学院） |
| 健身气功 | ××××× 大学（学院） |

资料来源：笔者整理。

（二）部分高校公共体育理论课教学情况

就当前而言，高校公共体育课程的基本构成主要包括理论课程和实践课程两个基本部分，体育理论课程无疑是学生充分了解运动项目的理想平台。结合 2002 年中华人民共和国教育部颁布的《全国普通高等学校体育课程教学指导纲要》不难发现，理论与实践相结合将始终作为高校公共体育课程建设与发展的主旋律，要始终保持在体育实践课程中穿插理论知识教学活动（要求理论课程学时数不能低于课程学时总数的 10%），同时要以多种形式并使用现代化的教学手段开展体育理论课程教学活动，确保高校学生的体育知识认知面不断拓宽，对体育运动形成充分了解，而利用体育理论课程这一渠道，将其他运动项目进行渗透也是高校公共体育课程引入其他运动项目的理想之选。

另外，通过走访观察，笔者明显感受到高校公共体育课程教师在进行体育理论课程教学活动时，普遍采用授受式教学方法，这种教学方法最为显著的特征就是教师通过语言，将所要学习的理论知识传递给学生，其他信息传播媒介的使用则很少涉及（如微信平台、多媒体教学设备、公众号文章阅读打卡等）。在公共体育理论课程的内容方面，教师普遍将体育卫生保健知识、公共体育课程的意义与目的、实践课程的具体规划和目标作为主要选择，对于其他运动项目的具体介绍则并未过多涉及。例如，×××××大学公共体育理论课程内容中，以公共体育课程教学目标和任务规划作为主体，同时还会穿插一定的体育保健与健康卫生知识，而对于体育课程运动项目的延展则并未进行过多涉及。而且这些公共理论课程教学内容通常穿插在实践课程教学活动之中，也就是说学生在学习某项运动技能时，教师会相应地安排一定的理论知识内容，让学生能够了解该运动技能对自身运动参与的重要性，而这也在一定程度上缩减了高校公共体育理论课程的课时数。

## 二、部分高校公共体育课程教学方法与运动项目融入情况调查结果与分析

### （一）教学方法选取的依据情况分析

体育教学方法的选择是影响教师教学效果的重要一环，在教学过程中采用合理合适的教学方法能够在很大程度上提高教学的质量与效率。之前的《全国普通高等学校体育课程教学指导纲要》就已经明确指出："高校公共体育课的教学方法应注重多样化与个性化，尤其注重教师与学生之间的，学生与学生之间的多边互助活动，最大限度地提高学生参与运动的积极性，同时发挥学生的创造性，培养学生自学、自练的能力。"

随着高校公共体育课程改革的不断深入，对于高校公共体育课程教师教学方法的选择也提出了一系列明确要求。通过对当前高校公共体育新课程改革具体内容的深入解读，笔者总结出教师在选择教学方法时，要以坚持健康第一的教育理念为根本前提，注重学生身体素质全面发展的同时，还要全面加强学生运动技能、意志品质、责任意识等多方面的培养，引导学生树立正确的信念，促使学生实现全面发展。基于此，高校公共体育课程任课教师要在教学过程中选择合适的教学方法为教学活动输入更多的运动项目，使学生在体育课堂中不仅能够锻炼身体机能，学会运动技能，同时也能打磨精神，磨炼意志品质。

本书选择运用问卷调查法对高校公共体育课程教师所普遍采用的教学方法进行客观而又全面的了解，以此了解高校公共体育课程融入其他运动项目的可行性。根据图 3-1 所显示的数据可以看出，当前高校公共体育课程教师在选择教学方法时，普遍会以授课的具体内容（100%）、学生自身的学习能力（92.3%）、教学质量与效率（100%）三个角度进行参考。而这样的问卷调查结果也说明广大高校公共体育课程任课教师在选择公共体育课程教学方法时，通常会对课程教学的具体内容、学生的具体特征、课堂教学的质量要求和效率要求作出具体分析，最终确定教学方法。另外，还有部分问卷调查对象认为，高校公共体育课程任课教师会尊重个性化教学，并将其视为教学方法选择的重要依据。其中，分别有 80.7%、62.8%、83.3% 的问卷调查对象认为，教师所选择的教学方法应用较为灵活，能够与学生的学习

兴趣保持高度适应。另外，还有 71.7% 和 69.2% 的问卷调查对象认为，教师在选择教学方法的过程中，会根据课程授课目标和达到运动健康目的来选择教学方法，仅有 19.6% 的问卷调查对象认为教师会以融入运动项目为前提进行教学方法的选择。可是，就当前而言，高校公共体育课程内容通常在课程建设活动中就已经确定了，教师教学方法的选择也会随之确定下来，虽然部分教师会以个性化教学作为原则，对教学方法进行相应调整，但是对于其他运动项目的有效融入并不会起到明显作用，所以这也意味着在课程建设之初广大教师就应该将其他运动项目充分引入，达到有效增加公共体育课程运动项目的目的，为学生身体素质、运动技能、运动能力、体育核心素养的全面发展打下坚实基础。

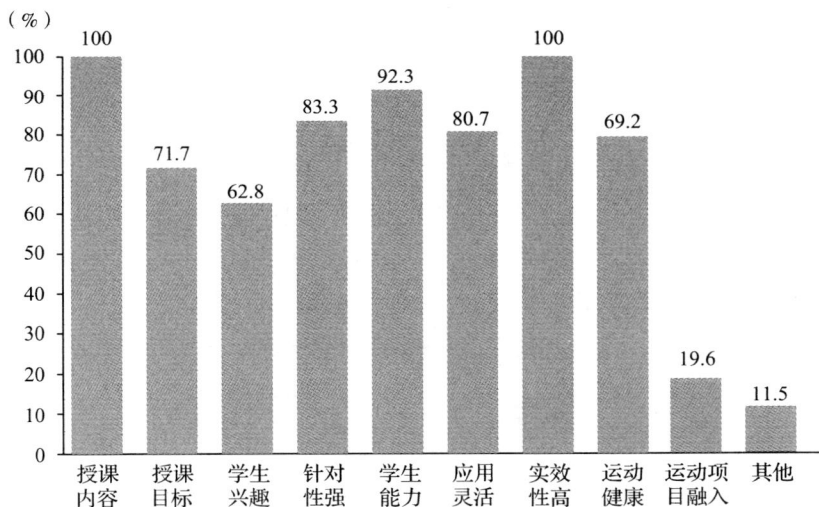

图 3-1　关于高校公共体育课程教学方法选择的侧重点问卷调查结果统计

资料来源：笔者整理。

（二）教学方法以及教学手段使用情况分析

在学校教育中，教学方法和教学手段是教师提高教学效率的重要工具，也就是说，采取不同的教学方法和教学手段对于教学效果而言，也会呈现出一定的不同。针对体育课程而言，由于教学活动本身具有明显的动态发展特征，所以对于教师而言，教学方法和教学手段的选择不能一成不变，应根据课程运行的实际需要将教学方法与手段作出相应改变，由此才能确保课程教学的整体效果达到最佳。随着时代与社会发展步伐的不断加快，课程教学活动中的教学方法也正在不断创新，这无疑对有效提升课程教学水平提供了重要推手。对此，在高校公共体育课程建设中，对于教学方法与手段的研究就显得至关重要，从而能够有效判断出哪些条件可以促进高校公共体育课程教学方法与手段的不断创新。

对此，笔者在进行本书的调研过程中对于高校公共体育课程任课教师教学方法的选择与运用情况予以高度重视，做到对其进行广泛而又深入的了解。在此期间，采用排序题的形式开展调研活动，调查问卷所设置的十种课程教学方法分别为讲授法、动作示范法、练习法、完整与分解法、游戏法、竞赛法、纠正与帮助法、案例法、多媒体教学法、问题探究法。在此之后，通过 SPSS 数据分析软件将问卷调查结果进行数据分析，并为排名由高到低的教学方法赋予权重（10，9，8，…），最终通过公式 Sum=sum（var001 to var078）准确计算出新变量，具体如表 3-9 所示。

表 3-9 部分高校公共体育课程教师常用教学方法统计

| 课程教学方法 | Sum 值 | 采用该方法的教师人数（人） | 占比（%） |
| --- | --- | --- | --- |
| 讲授法 | 746 | 76 | 97.4 |
| 动作示范法 | 555 | 69 | 88.5 |
| 练习法 | 534 | 69 | 88.5 |
| 完整与分解法 | 462 | 62 | 79.4 |
| 游戏法 | 412 | 60 | 76.9 |
| 竞赛法 | 230 | 39 | 50.0 |
| 纠正与帮助法 | 148 | 26 | 33.3 |
| 案例法 | 103 | 20 | 25.6 |
| 多媒体教学法 | 87 | 15 | 19.2 |
| 问题探究法 | 76 | 13 | 16.7 |

资料来源：笔者整理。

结合以上调研结果，可以看出当前高校公共体育课程任课教师在从事教学活动时，普遍青睐于讲授法、动作示范法、练习法、完整与分解法十种教学方法，持有这些观点的教师分别占到调查样本的 97.4%、88.5%、88.5%、79.4%。这几种教学方法在高校公共体育课程的发展中由来已久，其目的就是用最直接的方式让学生能够快速了解并掌握所要学习的体育知识和运动技能，但弊端在于会导致学生学习过程较为枯燥。对于多媒体教学和问题探究两种方法而言，广大高校公共体育课程任课教师普遍认为很少涉及，仅有少数教师会将这两种教学方法作为日常课程教学活动的选择对象，其目的就是要提高学生在课程学习活动中的趣味性，让更多的运动元素更好地融入进来。另外，还分别有 76.9% 和 50% 的教师认为，自己在日常课程教学活动中，会涉及游戏法和竞赛法的应用，其目的就是要让学生在学习某个运动项目时，能够感受到不一样的学习氛围，促使学生能够系统化理解并掌握所学习的运动项目。

　　关于体育教师在教学过程中教学手段的运用方面，调查结果如表 3–10 所示，85.9% 的教师在教学过程中会使用体育教具与器材作为辅助自己教学的手段，而利用体育教材与书籍中的内容作为教学手段为学生传授知识与技能的教师较少，仅占24.3%，以网络平台资源与多媒体资源为教学手段的体育教师占 37.1% 与 33.4%。

表 3–10　部分高校公共体育课程教师教学手段运用情况

| 教学手段 | 人数（人） | 比例（%） |
| --- | --- | --- |
| 体育教具与器材 | 67 | 85.9 |
| 体育教材与书籍 | 19 | 24.3 |
| 网络平台资源 | 29 | 37.1 |
| 多媒体资源 | 26 | 33.4 |

　　注：N=78。
　　资料来源：笔者整理。

　　结合表 3–10 的数据可以看出，目前部分高校公共体育课教师在教学过程中依旧以较为传统的教学方法与手段为主，但《全国普通高等学校体育课程教学指导纲要》的颁布要求高校公共体育教师合理利用教学方法与手段并有意识地将其他运动项目以"润物细无声"的形式融入到体育教学中，显然只靠这些传统教学方法与手段的使用是难以达到效果的，因此需要积极探索新兴的教学方法与手段，为在体育课程中开展运动项目系统化教学工作开辟道路。

## 三、部分高校公共体育课教学评价及运动项目融入情况调查结果与分析

　　（一）部分高校公共体育课教学评价内容分析

　　《全国普通高等学校体育课程教学指导纲要》明确规定，针对学生的学习评价涵盖学习效果与过程的评估，涉及体能与运动技能、认知水平、学习态度与行为、交往与合作精神等多个关键维度，并且采用学生自评、互评以及教师评定等多元方式开展。而针对教师的教学评价内容，主要聚焦于教师业务素养，像专业素质、教学能力、科研能力、教学工作量以及课堂教学这两大方面。从笔者的调研情况来看，当下部分高校依据相关文件要求和课程建设需求，积极开展公共体育课程的学生学习评价以及教师教学评价工作。不同高校结合自身实际状况，对课程教学评价均做出了相应阐释，呈现出显著的差异化特点。以 ××××× 高校公共体育课程终结性测试与评价内容为例，其针对学生公共体育课制定的评价内容丰富多样，包含平时成绩、技能水平成绩、步道乐跑成绩以及体育与健康基础理论知识成绩，具

体如表 3-11 所示。

表 3-11 ××××× 高校公共体育课程考试内容与方式统计

| 考试内容 | 具体考试内容 | 成绩评价方式 | 占比（%） |
|---|---|---|---|
| 日常课堂成绩 | 日常考勤和学习态度 | 任课教师考评 | 10 |
| 技能水平成绩 | 按照课程大纲要求组织各项目技能考试 | 任课教师考评 | 50 |
| 步道乐跑成绩 | 有效打卡次数达 40 次以上为满分，打卡次数 24 次以上为及格，不足 24 次为所修体育课程不及格（一项否决制） | 考评系统自动打分 | 30 |
| 公共体育课程基础理论知识 | 如何上好高校公共体育课程、大学生体质健康测试、步道乐跑等基础理论和技能知识 | 题库抽选、无线终端考试 | 10 |

资料来源：笔者整理。

（二）针对公共体育课学生成绩的评价

为综合了解部分高校公共体育课教师在对学生成绩进行评价时所考虑的内容以及着眼点，对所选高校公共体育课教师进行调查，调查结果如表 3-12 所示。

表 3-12 学生公共体育课程评价内容

| 指标 | 响应 | | 个案占比（%） |
|---|---|---|---|
| | N | 占比（%） | |
| 学习态度 | 60 | 19.2 | 76.9 |
| 运动技能 | 64 | 24.5 | 82.1 |
| 运动参与 | 67 | 27.5 | 85.9 |
| 体能 | 52 | 16.7 | 66.7 |
| 情感态度与价值 | 34 | 13.1 | 43.6 |
| 合计 | 284 | 100 | 355.2 |

资料来源：笔者整理。

结合表 3-12 所显示的数据，不难发现当前高校公共体育课程任课教师在开展学生成绩评定工作时，通常以学生参与课程学习态度以及运动技能、身体素质、情感态度与价值观念四个维度为主。其中，有 85.9% 和 82.1% 的教师认为，在对学生课程学习成绩的评定过程中，应重点关注学生运动技能的掌握情况和运动参与情况。有 76.9% 和 66.7% 的教师则认为，在进行公共体育课程学生成绩评定的过程中，应该将学生的学习态度和学生体能情况作为重点关注对象，因为这是学生学习过程和学习结果最为直观的表现。与这些学生成绩评定视角相对比，立足于学生课堂表现的运动项目引入情况的重视程度相对较低，仅能占到问卷调查样本总数的 43.6%。根据以上数据可以得出一条重要结论：当前广大高校公共体育课程任课教师关于学生成绩的评价，普遍侧重学生课程学习的表现以及运动技能和体能三个方面，而在情感态度和价值方面，广大教师并未能将其视为学生学习成绩评定的重点，也就是说学生课程学习成绩无法有效呈现出运动项目引进情况和引进效果，而这显然无法为高校公共体育课程建设与改革提供更为客观和更为有力的依据。

（三）教师教学工作的评价

除针对学生公共体育课程成绩的评价，据调查，多数高校也结合本校课程特色开展了针对教师教学情况的个性化评价工作，总体上具有一定的相似性，具体如图3-2 所示。

（%）

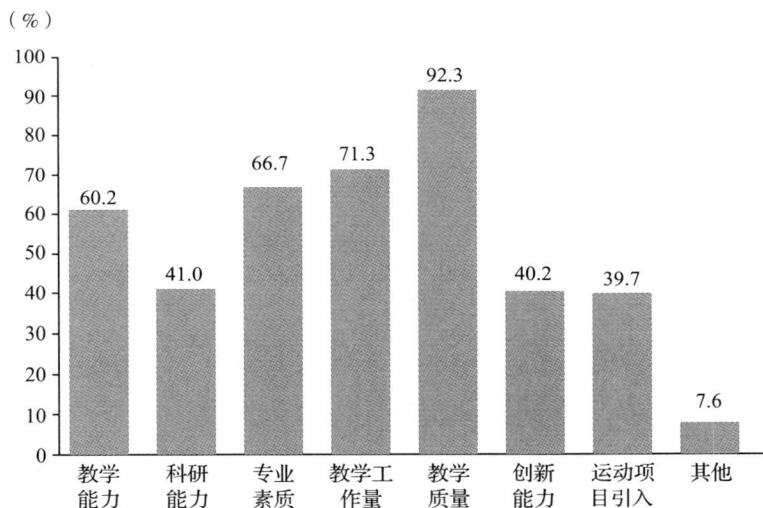

图 3-2　部分高校公共体育课程教师工作评价内容情况统计

资料来源：笔者整理。

从图 3-2 的调查统计结果来看，92.3% 的调查对象所在高校在评价教师教学工作时会将教师教学质量纳入考量，71.3% 的公共体育课教师接受的教学评价包含教学工作量。同时，60.2% 和 66.7% 的调查对象所在高校分别把教学能力以及教师专业素质当作评价依据。这反映出在高校公共体育教师教学评价工作中，教学质量、教学工作量、教学能力与专业素质所占比重颇高。除上述评价标准之外，教师科研能力、创新能力在评价中所占比例相对较低，分别为 41.0%、40.2%、39.7%。尤其是将作为评价内容仅占 39.7%，这与当下高校公共体育新课程改革的新要求存在差距，未能高度契合。在教育不断发展的今天，思政教育融入高校体育教学至关重要。作为思政教育在教师层面的重要体现，直接影响着学生的价值观塑造。

一个拥有高尚师德师风的教师，能够在体育教学中，通过言传身教，将坚韧不拔、团结协作、公平竞争等体育精神与思政元素相结合，传递给学生，助力学生全面发展。

（四）公共体育课课程教学评价方式

在对教师教学以及学生最终成绩进行评价时，采用合理且全面的评价方式是保证教学改革顺利进行的一大保障。根据调查，目前在对学生公共体育课程最终成绩进行评定时，多数教师采用的评价方法是教师评定，极少数的教师会让学生采用自评与学生互评。如图 3-3 所示，体育教师作为学生学习的直接负责人，对学生成绩有直接监管评价的义务，但在评价过程中采用学生自评及同学之间互评的方式能让学生之间加强了解，使学生在剖析自身学习过程中所表现出的优势与不足的同时，指出其他同学的长短之处，这在一定程度上培养了学生的社交技能，同时对学生自身也会产生直接或间接的激励作用。

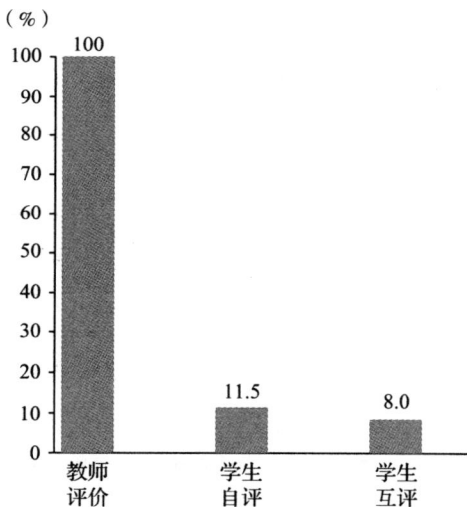

图 3-3　部分高校公共体育课程学生成绩评价方式

资料来源：笔者整理。

## 第四节　有利于最大限度优化课程运行效果

就当前高校公共体育课程改革而言，依然有多个方面值得广大专家、学者、高校体育教师引起高度关注。具体而言，早在 1999 年，该领域中的广大专家、学者、体育教师就明确指出高校公共体育课程应该减少必修课的比例，要增加选修课的类型和课外体育活动组织形式，从而建立起新的高校公共体育课程体系。随着时间的推移，该领域广大专家、学者、体育教师对于高校公共体育课程的必要性进行了更为深入的研究，普遍认为基础教育阶段体育课程改革已经如火如荼进行，项目化已经成为课程模式所体现出的新特点，在此背景之下，高校公共体育课程建设理念以及高校公共体育课程结构优化已经成为摆在每一位高校体育工作者面前的棘手问题，其课程改革过程显然要面对诸多挑战。虽然，在高校公共体育课程新课程标准中已经高度明确选修课在课程中的重要性，可是如何让选修课充分发挥出教育价值则成为一个重要的难点。对此，通过对国内知名高校有关专家以及教育资历相对较深的一线教师进行问卷调查，从中了解影响高校公共体育课程改革的主要因素。其间，排在第一位的影响因素赋值14分，排在第二位的影响因素则赋值13分，以此类推，未被选中的选项则不予以赋值。根据问卷调查结果，总结出无论是从选中频率，还是选项得分情况来看，除最后一项之外，其他选项的专家和教师的认同率普遍较高，并且前9个选项的得分都超过了300分（见表3-13），这些恰恰为当今高校公共体育课程改革指明了方向，同时反映出高校公共体育课程建设应改变固有思维。

表 3-13　专家和教师对当前高校公共体育课程改革影响因素的判定依据（判定频数）统计

| 问卷内容 | 选择频数 | 占比（%） | 得分 |
|---|---|---|---|
| 教学思想不够明确 | 40 | 7.95 | 386 |
| 教学设计不够灵活 | 40 | 7.95 | 376 |
| 很难处理好学生需要和想要的关系 | 40 | 7.95 | 365 |
| 场地设施不够充足 | 37 | 6.98 | 340 |
| 教师知识结构和能力结构有待进一步提升 | 39 | 7.75 | 338 |
| 评价体系对于学生学习积极性的调动作用有待加强 | 42 | 8.35 | 329 |
| 课程设置的定位还需要提高清晰度 | 36 | 7.16 | 328 |
| 学校教务部门对公共体育课程建设与发展的重视程度还有待提升 | 34 | 6.76 | 319 |
| 教学方法的创新性和丰富性还有待加强 | 41 | 8.15 | 301 |
| 教材选择无法高度支撑学生终身体育意识和习惯的形成 | 35 | 6.96 | 287 |
| 应站在全面激发学生学习兴趣的角度选择教材 | 32 | 6.36 | 272 |
| 对于课程科学性和人文性的关系还需要加以有效处理 | 36 | 7.16 | 264 |
| 进一步提高课程层次目标与总目标的一致性 | 31 | 6.16 | 256 |
| 教师数量应进一步扩大 | 20 | 3.98 | 146 |
| 合计 | 503 | 100 | |

资料来源：笔者整理。

## 一、能够帮助高校公共体育课程建设树立大课程观，打造全方位和多层次结构的课程体系

结合当前国家对高校公共体育课程改革所提出的新要求，高校公共体育课程改革应树立整体改革观念，必须确立"立德树人""健康第一""终身体育""素质教育""个性化教育"理念，把全面提升高校大学生身体与心理健康水平作为根本，将培养学生健康意识和健康体育生活方式作为最终目标，以此来助力学生的全面发展。对此，高校应将这种教育理念深入贯彻于公共体育课程建设过程中，形成由决策层、管理层、执行者、参与者共同组成的高校公共体育课程建设团队，根据高校公共体育课程改革的最新要求，建立由体育课和训练课共同组成的课程结构。在这里，由于高校公共体育课程结构的基本构成不仅要包括学科课程，同时还要包括活动类课程、隐性课程、研究课程，最大限度地让课程结构变得更加丰富。通过以上高校公共体育课程改革所提出的新要求可知，项群化建设是理想选择。

具体而言，在高校公共体育新课程改革要求之下，课程建设的根本任务就是要全面提高教学主体适应程度，让课程活动能够具有明确的导向性，从而促使学生知识、技能、能力、素养四个维度的全面发展，满足这些要求也标志着高校公共体育的教育观念发生实质性改变。项群化课程建设是以高校公共体育新课程标准为基础，确立课程建设目标——学生体育知识、体育技能、运动能力、体育素养的全面发展，并根据运动项目竞技特点进行系统化分类（建立项群），最终结合项群运动特点和学生参与的实际需要，分别设置不同的课程内容和课程类型，确保课程体系的层次结构和内容更为丰富，充分彰显高校公共体育课程建设与发展的大课程观。

## 二、课程建设向多元化、国际化、个人化方向发展

在最新一轮高校公共体育课程改革要求中，明确强调了课程本身要充分发挥承前启后的功能，而这也意味着课程建设必须转变思维，要立足民族化和群众化，不断提升课程本身的弹性与灵活性，让更多特征鲜明的运动项目进入课程体系之中，从而为课程内容的完善与创新以及课程教学方法的多样化打下坚实基础。这样无疑可以充分满足当代高校学生对公共体育课程日益多样化的需求，让课程建设更好地呈现出"以人为本"理念，促进高校学生的全面发展。高校公共体育项群化建设则是以科学的课程设置以及丰富的课程内容作为核心，突破固有的课程建设思想对课程结构的限制，让课程结构既能够以高校公共体育课程大纲为重要依托，让课程类型变得更加多样化，同时还能确保公共体育课程的内容能够充分彰显出个性和特色，而这也正是固有高校公共体育课程建设思想所不具备的优势，具体论述如下：

（一）课程模式与课程类型

就当前国内高校公共体育课程所普遍存在的模式而言，已经普遍体现出"三段式"特征：学生在大一阶段要接受最基础的体育教程，在大二阶段要接受公共体育选项课程，在大三阶段和大四阶段则要接受公共体育选修课程。在这里，所谓的"基础公共体育课程"，是指面向全体高校学生所开设的最基本公共体育课程，课程活动目标和内容具有较为明显的基础性和普适性两个特征，课程开设的目的在于有效提高学生的身体素质和良好运动习惯的养成。所谓的"公共体育选项课程"，是针对高校学生体质健康和心理健康发展一般规律所设定的专业课程，课程目标和内容既具有一定基础性和普适性特征，同时还具有明显的专业性特征，能够让学生对专业化的体育项目有更深的了解。而所谓的"公共体育选修课程"则是以学生体育参与兴趣为基础，并结合学生体育参与过程中的普遍需要而设置的体育课程，其课程目标和内容具有丰富性、趣味性、专业性特征。综合以上对高校公共体育课程"三段式"模式的概述，可以总结出该课程模式本身也具有较为鲜明的特点，就国内当前高校公共体育课程"三段式"模式集中表现形式，主要特征表现具体如表3-14所示，而这些"三段式"课程模式也为高校公共体育课程项群化建设奠定了最为根本的基础。

表3-14　高校现有的公共体育课程"三段式"模式及主要特征

| 课程模式 | 代表学校 | 课程指导思想 | 课程组织形式 | 课程特点 |
|---|---|---|---|---|
| 课内外一体化模式 | 天津师范大学、上海交通大学 | 强调对学生体质健康水平的提升以及锻炼习惯的培养 | 早操、课外活动、体育公共课程相结合 | 公共体育课程的整体性较为突出，有助于提高学生整体素质 |
| 完全学分制模式 | 北京航空航天大学 | 强调以人为本思想，以体育教学为课程建设中心，坚持以群众体育项目为根本 | 将课内、课外体育纳入学分制管理体系，分层次开展课程教学工作 | 能够充分发挥学生在课程学习中的积极性与主动性，有助于学生学习兴趣的养成 |
| 俱乐部模式 | 深圳大学 | 强调学生体育能力提高和体育兴趣的全面培养 | 大一阶段开展公共体育专项选修课，大二阶段开始教学俱乐部 | 可以充分激发学生学习公共体育课程的主观能动性 |
| 安全开放模式 | 北京大学 | 强调增强学生的体质、增进学生健康、提高学生体育核心素养 | 4年选学期学习，选择过程遵循"三自主"原则 | 能够根据学生的学习需要和社会需求，促进"教"与"学"之间的互动 |
| 主、副项模式 | 福建师范大学 | 强调课内增加体育知识，课外提高学生运动能力 | 大一阶段和大二阶段以一个专项为主，每学期都要兼修一个专项 | 学生可以实现一专多能，有利于学生体育技能的专项化发展 |

资料来源：笔者整理。

　　结合表 3-15 的当前高校公共体育课程几种"三段式"模式的表现形式以及各种"三段式"模式所呈现出的具体特征，不难发现这几种模式并未能让高校公共体育课程达到较为完美的状态，其操作过程具有一定的复杂性，同时也很难达到课程建设的预期成果。其原因在于这几种高校公共体育课程"三段式"课程模式普遍将课程大致分为普修课、选修课、专项课、保健课四种课程类型，而从课程设置的角度出发，大一阶段的公共体育基础课程为普修课，大二阶段的公共体育课程则是以选修课为主，虽然俱乐部制体育课程已经被广大高校所采纳，但是由于高校自身资源条件的原因，所开设的课程种类并不多，所以这种高校公共体育课程"三段式"课程模式目前还并未达到高度普遍，笔者通过对国内百余所高校进行调研，总结出高校公共体育课程建设设置的一般情况，具体如表 3-15 所示。导致这一现象产生的主要原因在于两个方面：一是高校体育课程主管部门对于所在地区的区域特点、课程特色、学生需要的认识程度还有待进一步加深，虽然公共体育课程类型较多，但是并未充分体现出"素质教育"和"健康第一"的理念，这样就造成高校公共体育课程建设的效果和目标并不够高度清晰。高校公共体育课程项群化建设则能够对当前该课程这一情况进行有效改变，体育项目以项群的方式进行归类，每个项群都是一门公共体育课程，课程设置只是按照运动技能培养的具体要求和学生身心发展的一般规律来进行，能够有效降低课程设置复杂性的同时，也能够充分凸显高校公共体育课程体系的完整性，从而成为助力高校学生全面发展的重要载体。

表 3-15　高校公共体育课程设置情况调查统计结果

| 课程类型 | 学校数量（所） | 占比（%） |
| --- | --- | --- |
| 一年普修课程，一年选修课程 | 49 | 48.5 |
| 两年选项课程 | 34 | 33.7 |
| 专项课程 | 8 | 7.9 |
| 俱乐部课程 | 18 | 9.9 |

　　资料来源：笔者整理。

（二）课程大纲

　　所谓的"课程大纲"，其实质就是根据教育计划所制订出的课程纲要，是课程建设和教学活动开展的指导性文件，同时也是对课程教学、学生学习成绩考核、课程运行效果评估、课程管理的重要依据。就当前而言，高校公共体育课程大纲与课程整体改革之间的适应性存在三个较为明显的现象，分别为：体育课程建设的目标清晰程度有待进一步提高、体育课程运动项目选择与社会需求和学生需求联系的紧密性有待提升、课程大纲本身所具有的灵活性还有可提升空间。这些现象所反映出的是各高校在公共体育课程改革与创新过程中应关注的焦点，"项群化"建设则能够将上述现象予以有效化解。

具体而言，在高校公共体课程项群化建设过程之中，课程大纲的制定则能够做到将指导思想予以科学转变，具体表现就是对必修项的严格规定以及课时数的详细分配。因为高校公共体育课程教学活动的开展必然会受到诸多时间、空间、主观、客观因素的限制，如果对上述两个方面的规定过于严格和细化，那么必然会导致教师很难主动参与课程建设与运行过程之中，并且也会出现忽视学生学习能力不同和学习进度可变这两个重要因素的现象。因此，在项群训练理论指导之下，高校公共体育课程项群化的建设过程会将运动项目按照体能和技能两个维度进行划分，之后再按照每个运动项目的体能和技能情况确立最终的项群，每个项群都是课程体系的重要结构组成。最后则是根据高校体育特色和主荐运动项目，将每个项群的运动项目构成情况进行全面完善，并赋予每个运动项目最低的课时数，由此可以确保学生对自己感兴趣的运动项目进行全面而又深入的学习。

（三）开设项目

从当前高校公共体育课程建设情况所进行的调查来看，可以明显感受到公共体育课程的普修课和选修课主要以球类运动、田径运动、游泳项目、民族传统武术项目、体育舞蹈项目为主。这些体育运动项目虽然种类较全，但是学生想要在大学阶段做到系统性的了解和掌握却并非易事，需要较为系统的知识、技能、能力、素养的学习与培养过程，可是单纯依靠"三段式"公共体育课程模式的运行过程却难以将其转化为现实。对此，高校公共体育课程的项群化建设则能够有效改变这种境遇，让为学生设置的项群有助于学生快速而又系统地了解并掌握某一类运动技能，这样既可以有效扩展学生的体育知识面，同时还能让学生在轻松愉悦的学习氛围之下系统化掌握所要学习的体育技能，提高学生的运动技能水平。

（四）教材内容选择

从高校公共体育课程改革所提出的具体要求而言，各高校在公共体育课程教材的设计上，必然要充分体现出科学性、系统性、人文性三个重要特点，让课程与学生需要之间的关系得到有效处理。在这里，高校教师要结合学校的实际情况，尽可能将高校公共体育课程空间予以扩大，同时还要结合时代发展的大形势和大趋势，将现代体育项目有效融入课程体系之中。与此同时，还要与学生终身体育意识和习惯的形成有效结合起来，从而确保高校公共体育课程建设与发展本身的实用价值和长远效益。还有一点需引起高度重视，即教材内容本身要具有明显的趣味性、娱乐性、生活性、竞争性特点，力求教材本身能够唤起学生对公共体育课程的兴趣。对此，对当前20余种版本的高校公共体育课程教材翻阅，将专家对教材内容的看法进行全面归纳，最终通过教材改进层面说明高校公共体育课程项群化建设的优势所在，具体的专家访谈结果如表3-16所示。

表 3-16  专家对高校公共体育课程教材的看法

| 教材内容构成 | 支持人数（人） | 认同率（%） |
| --- | --- | --- |
| 与生活息息相关的体育项目 | 26 | 60.5 |
| 娱乐性和休闲性体育项目 | 37 | 86.1 |
| 养生性和保健性体育项目 | 29 | 67.4 |
| 简化和改造后的竞技体育项目 | 41 | 95.4 |

资料来源：笔者整理。

在对当前 20 多种版本的高校公共体育教材的分析过程中，发现现有的高校公共体育教材无论是在指导思想方面，还是在内容体系方面，已经在不同程度上打破了传统束缚。具体而言，在对 20 世纪 90 年代出版的 7 本高校公共体育课程教材内容进行整理时发现，当时 7 本教材所涉及的运动项目的平均数为 20 个，包含运动项目最多的教材中所涉及的运动项目达到 20 多个，最少的教材也包含 14 个运动项目，体育课程总学时数量均为 144 学时，每个运动项目授课时间不足 7 学时，这样的课程内容设置显然无法让学生深入了解每个运动项目。而在最近几年出版的 7 本高校公共体育教材中，明显感受到各教材的运动项目已经大幅减少（见表 3-17），运动项目数量最多的教材为 14 个，最少的教材只涵盖 6 个运动项目，甚至已经有教材将休闲娱乐运动项目纳入其中，并且针对运动项目的技能特点进行了类别划分，从而使学生能够从中系统化学习某一类运动技能。这样的教材设计思想无疑为公共体育课程项群化建设打下了坚实基础。

表 3-17  高校公共体育课程教材中的运动项目设置情况统计

| 教材名称 | 运动项目（项） | 出版机构 |
| --- | --- | --- |
| 《体育基础理论与实践教程》 | 14 | 北京体育大学出版社 |
| 《体育教程》 | 9 | 四川大学出版社 |
| 《大学体育》 | 10 | 西南师范大学出版社 |
| 《体育与健康实践教程》 | 14 | 北京体育大学出版社 |
| 《大学体育与健康教程》 | 8 | 北京体育大学出版社 |
| 《大学体育教程》 | 12 | 北京理工大学出版社 |
| 《大学体育》 | 6 | 厦门大学出版社 |

资料来源：笔者整理。

结合以上笔者对于当前高校公共体育课程教材建设情况以及课程改革情况的具体调查与总结，可以发现两者之间存在明显的不协调之处，主要体现在四个方面：一是教材的实践内容与高中阶段体育课程内容存在明显的重叠现象，虽然课程内容本身具有一定的深度，但也给学生造成了教学内容没有新意的假象。二是教材内容普遍与社会体育联系较少，技术要求本身过于精细和复杂，需要大量的时间进行学习和掌握，由此导致学生认为课程内容本身具有较为明显的枯燥性，很难唤起对运动项目兴趣。三是教材本身的特色和侧重点普遍不够明显，与学生所学专业之间存在较为紧密的联系，如师范类院校主要强调学生体育教学能力的培养，体育专项内容的深度与其他专业之间并没有明显不同，而体育院校则是以学生运动训练方面内容为主。四是由于当前高校公共体育课程体系普遍以选项课作为重要组成部分，这就导致统一化的教材在课程教学活动开展过程中使用率明显降低、教材内容实用性不高的现象出现，而这些都是当前高校公共体育课程改革所要迎接的具体挑战。高校公共体育课程项群化建设则可以促使高校体育课程在发展道路中，更好地应对这些挑战，因为每个项群的确立都是以运动项目的竞技特征为依据，教学内容无疑具有较强的针对性和完整性（课程资源会更加完善），能够让学生充分了解某一类体育运动，真正做到教材内容都是以重点的形式呈现，这样显然可以让学生在学习的过程中做到触类旁通，有效降低教材内容的学习难度，不断激发学生对所选体育项目的浓厚兴趣。

## 三、以课程目标为依据建立合理的体育教学评价体系

从与广大高校体育教师的访谈活动中，能够总结出当前高校在公共体育课程建设过程中，课程考评主要表现出四个基本特点：一是广大高校普遍采用百分制评分制度，同时还有个别高校采用等级评分制度，这两种评分制度由来已久。二是多数高校在对学生课堂学习成果的评分过程中依然保留出勤率和课堂表现两个评分项，分值共计 10 分，还有一部分高校将课外体育活动纳入学生公共体育课程评分范围之内（见表 3–18）。三是广大高校依然保留公共体育课程理论考评部分，并且普遍都有明确的学生体育理论考评标准，考评的形式也普遍以闭卷与开卷相结合的方式来进行，甚至一部分高校以论文撰写的形式进行理论知识部分的考评。四是多数高校依然在课程考评过程中保留国家体育锻炼标准，并且权重较大，仅有少数高校以体能指标代替锻炼指标，具体如表 3–19 所示。

表 3–18　公共体育课程理论知识考试指标专家访谈结果

| 访谈内容 | 访谈结果 |
|---|---|
| 理论课教学内容来源 | 教材（95.3%）<br>没有（4.7%） |
| 理论课考评形式 | 闭卷与开卷相结合（95.4%）<br>教师自定（4.6%） |
| 体育理论考试设置情况 | 有理论课考试（97.3%）<br>无理论课考试（2.7%） |

资料来源：笔者整理。

表3-19 代表性高校体育课程教学效果评价内容专家访谈结果

| 代表性高校 | 评价内容构成 |
|---|---|
| 北京大学 | 专项考试60%、12分钟跑20%、理论考试20%、课程表现10% |
| 中国人民大学 | 专项考试20%、考勤与课堂表现20%、课外活动参与10% |
| 内蒙古师范大学 | 技能评价40%、身体锻炼指标40%、理论考试20% |
| 上海财经大学 | 专项考试30%、身体素质测试30%、理论考试20%、学习能力与态度10%、课外活动参与10% |
| 贵州大学 | 实践部分60%、身体锻炼指标15%、理论考试20%、日常体育活动参与5% |
| 河北师范大学 | 技能评价50%、体能测试20%、理论考试15%、体育活动参与10%、心理健康5% |
| 福建师范大学 | 主项考试20%、副项考试20%、理论考试20%、身体锻炼指标20%、游泳20% |

资料来源：笔者整理。

结合当前国内高校公共体育课程考评所体现出的实际情况不难发现，在当今高校公共体育课程改革道路中，课程评价方面依然有五个方面需要得到高度重视：一是在评价理念和评价方法方面，需要得到进一步更新，要做到评价的内容和结果能够保持高度的客观化与可量化，还要高度重视学生个体之间存在的差异性，因为单纯通过量化的方式对课程中学生的学习成果进行描述和发展状况进行评定，会导致课程运行效果的评价过程和结果过于简单化、表面化、僵化的局面出现。同时也让评价的过程虽然在理论层面上能够将甄别和选拔的功能变得更加明显，但是对于学生运动技能方面的评价并不能保持高度客观，这样容易造成高校公共体育课程运行的理论与实践相互脱节。二是在评价内容方面，各高校公共体育课程教育工作者还需要进行不断的优化与革新，做到课程内容中教什么，课程考核的内容中就要考什么，让学生能够充分展现出课程中"学"的成果。同时，在理论部分和实践部分的考核过程中，不仅要注重学生对于体育知识的掌握程度，同时还要强调学生体育技能、运动能力、体育核心素养等综合素质的考核。三是要丰富课程评价主体，并提高评价主体在课程评价中的积极性与主动性。因为在固有的高校公共体育课程评价模式中，评价主体往往是由课程管理者和实施者构成，评价对象只能按照评价主体的要求接受评价过程，这样的评价模式对于评价对象而言，激励作用往往并不能充分发挥出来，所以在高校公共体育课程改革道路中，课程评价的主体要体现出多样性，让评价对象能够兼任评价主体的角色，从而让评价过程具有一定的互动性。四是针对学生的运动心理、体育观念、终身体育意识等方面，国内高校普遍没有明确的评价标准，各高校普遍采取主观评定的方式来进行，该评价方式的客观性更加依赖于教师的工作态度和公正精神。所以在当前高校公共体育课程改革道路中，课程评价还要注重确立对非技能方面评价标准的构建，以此来全面提高这一方面评价结果的客观性。五是各高校对于公共体育课程教学效果的评价通常只注重终结性，这样的评价方式显然难以客观呈现学生体质健康和心理健康水平的提升幅度以及努力程度，因此在当前高校公共体育课程改革过程中，课程评价要有效改变这一局面，更加突出评价的过程性。

从当今高校公共体育课程改革所提出的新要求来看，强调以"健康第一"为根本目标，所以对于课程运行效果的评价应该做到客观又合理，并且还要有科学的体质测量和评价反馈系统作为支撑。由于高校公共体育课程项群化建设对于课程运行过程的评价就是以社会一般标准以及学生个体评价为基础，重视学生运动参与过程的进步水平，从而逐步引导学生喜欢体育运动和形成终身体育意识和终身体育行为，所以能够有效帮助高校公共体育课程摆脱以上教学效果评价的局面。另外，在高校公共体育项群化建设过程中，以国际领先的最佳体适能教育计划的评价内容作为重要参考，能够对学生参与体育活动的态度、健康知识的掌握情况、身体活动时的努力水平、运动技能的应用等多个方面进行评价，并且能够确保态度部分的权重保持在40%，从而让课程运行过程的评价处于多元化和立体化的状态。其中，评价指标更是包括学生体质健康情况、课程特色项目、体育能力（制定运动处方的能力、学生知识与技能的运用能力）、学生学习态度、运动参与、运动习惯的养成效果、学生意志品质、人际交往能力、合作精神培养情况等，这些评价指标显然都是需要经过长时间、连续性的运动参与才能实现的，而固有的结果性评价显然会降低评价结果反馈的及时性，所以在高校公共体育项群化建设过程中，对于课程运行效果的评价则是采用过程性评价方式来进行，与以往课程模式相比，这一方面显然具有一定的先进性。

# 第五节　有利于先进技术的融入

## 一、高校公共体育课程教学环境将迈向智慧化发展

体育智慧教学环境是指在硬件软件环境的支持下，在智慧学习空间里进行体育教师的教和学生的学双向互动的教学实践活动。随着信息化现代技术的普及应用，高校体育智慧教学环境得到了很大的改善，良好优质的体育智慧教学环境可以促进体育教师更好地提高体育教学质量。通过调查了解到，高校目前有软硬件环境等多个维度的限制，在智慧教学的推进过程中，很难充分利用智慧教学有效开展体育课程，使学生获得满足感。

（一）硬件设施投入力度将得到进一步加大

高校想要改善公共体育智慧教学环境，加大硬件设施投入是基础，高校体育智慧教学建设水平的高低可以通过体育教学的硬件设施配置情况来反映。就目前的情况而言，高校应加大对智慧教室、智慧体育场馆以及与场馆相匹配的智能硬件设备等的投入力度。同时在对硬件设施加大投入的过程中，高校对相关配套设施的完善与维护也不可忽视，对其进行科学化管理，使教学资源得到合理配置，从而营造一个良好的硬件教学环境，最终使师生能更好地通过该硬件设施进行良好的交互体验。

1. 增加体育智慧教室及场馆的类型和数量

智慧教学是当前比较受欢迎、比较便于使用、教学效果较好的教学形式。智慧教室属于智慧教学的基础设施，可通过增加通用型智慧教室、沉浸式智慧教室的数量来达到满意的教学效果。

通用型教室，即可满足多种学科、多种课程要求的共通性教学需求，适应后续智慧教学模式，如互动式、混合式等新形式。提高通用型教室的使用效率，可以使教师在公共体育课中开展便捷的多种互动教学，呈现多样化的视觉效果，转变传统的教学模式。通用型教室可以通过大屏、多屏等方式便捷地展示、高效地对比和缩放多个教学资源，有助于教学形式的多样化和多元化。扩充相关资源运用的广度以及深度，可以使学生更好地进行智慧学习，并借助该方式来实现人和资源、老师和学生等的有效互动。另外，智慧教学还可促进课前课中课后互动一体化。在网络教学环境中，师生可随时地展开互动。课前教师可进行相关学习资料或考核内容的推送，学生可登录不同终端开展学习，该阶段体育教师可快速对学习者进行需求研究，对此后的教学工作提供支持；课堂教学过程可实现师生间的实时互动，体育教师通过借助签到、答题等丰富的形式，可结合学生的反馈状况，更好地调整相关教学内容和方法。课上能充分地吸引学生的关注，注重学生思维的活跃；课后体育教师可依靠平台便捷地发布相关作业考试内容，完成效果的检验工作。结合相关分析可得出，体育教师可精准统计学生的学习情况，分析并掌握教学的实际情况，全面记载师生之间的互动进程，更好地判断教学效果。

沉浸式教室，即依靠 VR、AR 等丰富技术的运用，依靠"互动、体验、参与"的教学机制，进而更好地模拟相关教学场景，有"身临其境"等重要特征，教室有助于提升学生获得知识的积极性，强化整体的学习体验。沉浸式学习可依靠学生体验，进而建立学生学习以及实践的相关模拟场景，构建更为真实、更加互动且更加珍贵的学习体验：第一，其可支持远程协作，实现不同空间、不同布局的有效融合，建立完善的镜像体系，实现声音的精准定向效果，配合多人共同开展互动活动。既可以通过体育教学实现跨国、跨校远程教学，也可以实现共享练习空间及隔空练习。第二，这种全息投影技术可再现物体三维信息，打破虚拟与现实之间的壁垒。师生可便捷感知真实画面冲击，实现虚拟实地体验。

高校运用智慧教室的途径为优化高校体育教学方法，并给予丰富的硬件支持。研究得出，当前高校在开展体育教学的过程中，智慧教室的数目相对偏少，过半体育教学内容无法在智慧课堂中开展，这也造成现有的智慧教学模式难以解决公共体育课的客观需求。所以，高校在后续发展过程中，应当统筹各方资源，大幅度增加对于智慧教室的资金投入，并且不断提升智慧教室数量，促进智慧教室与体育学科的有机结合，提高其配适度，以此来达到满意的教学效果，为公共体育教学提供多种可能性。

2. 健全网络体系架构

从目前所调查的结果来看，有部分高校的校园网覆盖不全面，网络信息传送速度过慢、不流畅，以致体育教师和学生在公共体育课智慧教学课堂上无法获得良好的体验感。同时，部分高校校园网仅局限于学校基本的宣传和学校行政管理的应用领域。因此，高校要健全校园网络体系架构，加大对校园网络开发利用，逐步提高校园网在教学领域的功能完善程度，还需要完成配套的教学网页，更好地激励体育教师以及学生加入教学活动，充分开发校园网在体育教学以及管理等领域的巨大价值。

3. 增加体育场馆配套的教学智能硬件设备

体育馆是新时代高校学生开展体育教学的关键场地，结合调研学校的具体状况能够得出，现有的支持体育教学的智能硬件设备和配套设施有显著的不足，而且当前体育场馆关联的技术设备，仅运用到重要体育赛事、学校会议等少部分场景，未能实质运用到学生的体育教学活动。所以，高校应增加整体的资金投入水平，加强体育场馆的智能硬件设备在体育教学中的运用。

（二）体育智慧教学软件将会得到全面开发

体育教学中有效实施软件环境也极为关键，若是缺乏软件环境的支持，如何优秀的硬件设施也难以起到理想的效果，据调查显示高校体育软件教学资源不足，现有的软件质量难以实现理想的提升效果，极大地影响体育教学质量的提升。所以，应当借助各项措施提高软件环境的建设水平，更加理想地配合教学活动。

1. 教师将会注重体育教学辅助软件的开发

加强体育教学辅助软件开发可以推动智慧教学在整个公共体育教学体系内的高效运用，若是在整个体育教学推进过程中有完善的软件支持，那么也可实现更加理想的公共体育教学效果。当前高校体育教学辅助软件的开发水平相对较差，综合质量也相对较差，会在一定程度上影响体育教学的建设。所以，应当借助各项措施增强体育教学辅助软件的配套建设工作，借助各项措施优化体育教学资源，更好地满足教师的教学需求与学生的学习需求。体育智慧教学软件的开发工作，可选择下述两种方法进行优化：第一，建立一支配备有高专业、高质量的体育教学开发团队，其中主要以体育教师为核心，计算机专业人员为辅，该开发团队主要进行公共体育教学辅助软件的开发和利用。第二，迈向市场化道路。高校依靠邀请相关体育智慧教学领域专家以及体育教师为顾问，重点是以体育教学软件设计为核心，凝聚各方面的力量建立具备较强通用性的辅助体育教学软件。

2. 教师体育智慧教学课件制作能力将会得到明显增强

在高校公共体育课程项群化建设与落实的全过程中，要求教师必须具备让学生学习过程更加生动化，并且对课程教学内容予以不断完善的能力。所以这也意味着高校公共体育课程教师在进行课程项群化建设时，必须建立体育课程教学课件库。而在该类型资源库的建设过程中，无疑需要体育教师具备较强的体育智慧教学课件制作能力，确保项群课程运行过程能够为学生项群理论知识的获取以及体育技能的掌握提供更为有力的支持。对此，高校会针对公共体育课程项群化建设过程中教师智慧教学课件能力的培养提供一系列鼓励措施，同时还会积极组织广大教师与技术人员开展密切交流，让教师能够全面了解和系统掌握智慧教学课件开发的具体流程和方式，从而满足学生在项群课程学习时的具体需求。这样高校公共体育课程在实际的运行过程之中可以有效提高课程资源的利用效率，有效避免课程资源浪费的现象出现，同时还能提高公共体育课程任课教师课件制作的个性化水平，为改变课程运行的固有模式提供必要前提条件。

## 二、体育智慧课程资源会得到进一步丰富

### （一）人力、物力、财力的投入会不断加大

立足当今时代教育发展的背景以及所处的发展大环境，不难发现智慧化已经成为当代教育发展普遍关注的焦点，各学科都在以实现高度的智慧化作为重要的发展目标，高校公共体育课程建设与发展显然也不例外，而"项群化"建设模式则能够推进高校公共体育课程智慧化发展的进程。因为在高校公共体育课程项群化建设的过程中，课程资源的组成将会涵盖不同的教学材料，其中就包括影像资料等，这无疑对其智慧课程资源的丰富起到重要的推动作用。具体而言，广大教师在进行高校公共体育课程项群化建设的过程中，会建立起公共体育课程智慧资源库，其中就包含各项群相关图片、电子教材、课件、比赛数据、竞技视频等资源，教师只需要结合课程运行的实际需要就可以在该资源库中获取与之相对应的课程资源，学生也能根据自己的实际学习需要在该资源库中找到相关学习材料，从而有效提高公共体育课程教学的整体效果。而在该过程之中，显然需要高校为公共体育课程项群化建设提供更多的人力、物力、财力保障，既要有专门的体育教师专门负责资源库的资源

采集、资源整理、资源分析工作，同时还要有专门的管理人员对资源库进行系统化管理，从而有效保证高校公共体育课程建设与运行能够处于高水平的状态。

（二）体育网络资源建设会成为课程建设的重点

由于高校公共体育课程项群化建设的全过程中，体育教师必然要对课程资源进行深入的开发，所以课程资源的类型和数量将会有显著的改变，特别是在网络化和信息化时代背景之下，网络教学资源的开发已经成为广大教师所关注的焦点，这也意味着体育网络资源建设将会成为高校公共体育课程项群化建设的重点，而这与其他高校公共体育课程建设模式之间也形成了鲜明对比。具体而言，在高校公共体育课程项群化建设过程中，线上课程所占的比重会逐渐加大，从而有效打破体育课程教学活动所存在的时间和空间上的束缚，而支持线上课程活动的全面开展就必须有充足的网络课程资源作为支撑，只有这样才能为学生提供良好的线上学习氛围，帮助学生形成自主学习和自主锻炼的习惯。然而，固有的体育课程理论知识资源和实践引导资源通常更有利于学生线下学习活动的开展，因此建设体育网络资源就成为当今高校公共体育课程项群化建设的又一重中之重，广大高校公共体育课程教师也会在该领域不断进行积极探索与研究。

在此期间，高校公共体育课程网络资源建设会体现出两个显著特征：一是网络体育资源内容会更加丰富，并且能够体现出较强的吸引力。教师会根据高校公共体育课程项群化建设的特点，将固有的公共体育课程理论知识融入网络化课程资源内容的设计过程之中，以激发学生参与项群体育运动的兴趣为出发点，让更多体育故事和经典案例融入网络课程资源内容。其中，这些网络课程资源会以小短片的形式出现，从而提高网络课程本身的趣味性。例如，对于以战能为导向的集体对抗性项群中的足球运动网络课程资源建设，教师会结合国际体坛知名人物的技术特点进行深入分析，将其速度、爆发力、肌肉特征的介绍以及经典任意球、越位误判、技术动作特征、裁判规则等作为网络课程资源内容的主要选择对象，这样学生通过微视频就能够了解所要接触的运动项目以及相关技术动作的基本要点、易犯错误、辅助练习方法等，为激发学生主动参与足球运动的积极性打下坚实基础。二是网络资源内容的视觉效果会得到进一步体现，有效提高学生学习过程中的视觉直观性。在高校公共体育课程网络资源建设的过程中，广大教师会更加突出课程资源本身的个性，会让更为精美的图片和高质量的音乐伴随其中，同时还会增加字幕便于学生对所学知识和专项技能的理解，这样显然有助于高校公共体育课线上课程的高质量开展，让课程项群化建设的意义和价值得到充分发挥。

## 三、智慧支撑平台将会进入高校公共体育课程运行过程之中

从高校公共体育课程项群化建设的初衷来看，就是要让高校学生的身体和心理

实现健康发展，可是这一目标的实现显然要有一套较为科学，并且完整度较高的运行体系作为支撑，所以在高校公共体育课程项群化建设过程中，智慧支撑平台的引进与应用则成为必然。对于高校公共体育课程的发展而言，显然能够有效满足师生"教"与"学"的切实需求，项群化建设的优势也会得到进一步体现。

（一）体育智慧教学平台的引进与应用

毋庸置疑，高校公共体育课程项群化建设的最终目的就是要让课程教学活动有效促进学生的全面发展，而真正做到将其转化为现实却并非易事，需要有强大的技术作为支撑。所以在高校公共体育项群化建设的全过程中，教师会将体育智慧教学平台引入进来，形成教、学、考、评于一体的动态化运行机制。具体而言，体育智慧教学平台的引入和应用能够有效提高公共体育项群课程的教学互动性，因为在信息化教学方式中，智能化教学设备的有效使用，不仅可以让学生对项群内的运动项目形成深层认知，特别是教师利用多屏互动教学手段，可以为学生营造更加贴合实际的教学氛围，促使学生改善现实的学习状况，达到有效提高课堂教学效果的目的。在这样的课程教学环境之下，学生也会随机开展自主化的智慧学习活动，具体表现则是体育智慧教学平台会根据学生情感认知等方式，并根据学生学习情况资源收集与整理的最终结果，为学生提供一整套与项群运动项目相关的理论知识网络以及理论知识实践过程中所必需的体育实践资源和服务，让学生更好地体验运动项目的了解过程和参与过程。在学生完成对项群运动项目的了解，并实现运动参与之后，该教学平台还会利用 RFID 射频技术将学生对运动项目的了解程度以及运动参与过程中所产生的各种数据信息进行全面采集，并在数据库内进行智能化的考核与分析，从而对学生学习成果做出客观评判。该教学平台还支持高校公共体育课程教师单独对学生课程学习成果进行线下考核，同时还支持线下与线上考核结果的综合性分析，以此来保障对学生课程学习过程和结果作出更为客观的评价。就学生项群课程学习过程与结果的评价而言，该教学平台能够做到利用追踪器和传感器等设备，将学生课上学习的所有表现进行信息采集，以此为基础进行自动化和智能化的分析，并将分析结果以学生独立档案的形式进行存储，这样可以准确判断学生在项群化教学过程中的学习动态，为教师及时有效地调整项群课程教学方案和所要推送的体育资源提供重要依据，项群化课程运行的结果也会更加趋于理想。

（二）体育智慧管理平台的引进与应用

在高校公共体育课程项群化建设过程中，由于所要收集和整理的课程资源无论是在类型上，还是在数量上都会对广大教师带来一定的考验，所以高校势必会结合切实需求，将智慧管理平台引入高校公共体育课程项群化建设与运行过程之中。在此期间，教师要将不同类型和不同层次的课程资源录入体育智慧管理平台之中，确保项群资源能够得到科学化和自主化管理，为高校公共体育课程项群化建设与运行提供强有力的保障条件。在这里，以数字技术对高校公共体育课程资源进行有效管理也是提高课程数字化水平的直观体现方式。

具体而言，资源管理作为高校公共体育课程项群化建设与运行的重要一环，体育智慧管理平台的引入则是让课程资源以数据的形式进行自主化管理，并且还会结合物联网技术，将与项群相关的课程进行自主化收集、整理、分析、存储，为教师优化和开发项群资源提供帮助。并且该平台还会将学生考试成绩的数据信息进行收纳与汇总，让教师可以实时了解学生身体素质、心理健康、运动能力、社会适应情况，从而提高课程运行的整体效率。

在此期间，需要加以说明的是，由于对于学生项群学习情况的了解和掌控是有效提高公共课程教学质量的关键，所以该平台的引进和应用能够对学生课程学习的实际情况进行广泛的信息收集与分析，并围绕项群课程教学目标和学生学习情况，为学生提供更加具有针对性的理论资料和实践活动资源，同时还可以利用平台本身所具有的信息推荐功能，协助学生更好地利用课程资源开展项群学习活动，最终达到公共体育课程项群化建设的整体目标。

不可否认，在高校公共体育课程项群化建设过程中，教学管理和教师教学之间的轨迹存在较为紧密的关系，两者正是决定课程运行效果的关键因素。对此，高校公共体育课程项群化建设中，体育智慧管理平台的引进和运用，可以让项群课程运行的全过程实现智能感知和科学调节，因为在该管理平台之中存在集成化和智能化程度较高的管理模型，能够为教师日常项群教学活动提供较为理想的教学方案，并且还会将需要进行个性化辅导的学生信息推送给教师，这样有助于课程运行效率的全面提升。同时该平台内部的大数据技术还会为教师形成学生身体层面以及心理层面发展的动态曲线图，便于教师直观了解课程"教"的效果，为教师有效指导学生身体健康和心理健康发展提供重要依据。特别是在学生心理健康数据的获取方面，该平台能够为全体学生建立各自的心理健康电子档案，并且拥有一套科学的预警标准，一旦监控数据出现异常就会对数据的危险级别作出准确评估，当危险级别上升至预设范围之内，该平台就会将信息推送至学生和教师手中，教师会以此为重要依据为学生提供针对性的辅导，确保公共体育课程对学生心理健康的引导作用达到最大化。

（三）体育资源整合平台的运用

在高校公共体育课程项群化建设的过程中，切实确保项群课程的顺利进行除需要智慧教学平台和智能管理平台发挥重要作用之外，还要有优质且可持续化的课程资源作为支撑，从而为高校公共体育项群课程的顺利运行提供全方位保障。其原因在于高校公共体育课程项群化建设的最终目的就是要让学生能够全面了解，并能充分掌握至少两个运动项目，而在该过程中，所需要的课程资源更是具有明显的系统性和复杂性特征，所以教师结合项群资源实际情况，将其进行有效整合，从而让资源的整体性更强，避免出现重复构建和使用率不高的情况，为全面提升项群课程运行效果提供重要保障。对此，在高校公共体育课程项群化建设的全过程中，会与学校教务、人事等部门共同建立专属于公共体育课程的资源整合平台，建立起优秀的"资源地"，从而确保学生在系统化了解和掌握项群运动项目时，又有更多便于获取且适宜的体育资源。再从资源整合的关键角度进行分析，资源整合最关键的环节无疑是资源汇集、资源优化、资源开发这三个环节，而网络体系本身具备较强的开放性，所以引进和利用网络体系建立起完整的资源整合平台就成为高校公共体育课程项群化建设的重中之重，使公共体育课程的项群资源能够实现持续增长，确保学生在课程学习过程中始终能够有充足的体育资源用于了解和掌握项群中的运动项目，有效提高学生的学习效率。而且在该平台中，还具有网络体育教学资源的并购功能，可以让高校公共体育项群课程运行的资源渠道实现有效拓宽，让更多具有当地特色的体育资源能够持续进入高校公共体育项群课程之中，逐渐形成专门用于各项群教学的"资源超市"，真正让教师和学生在"教"与"学"的过程中获得更多优质体育资源，而这也充分体现出高校公共体育课程资源集约化建设的新特点。另外，该"资源超市"的运行过程之中，还会根据体育资源的具体种类以及项群课程的具体属性对所收集、优化、开发后的体育资源进行详细划分，让各类体育资源都能拥有明确的标签，只要学生和教师登录该资源管理平台，就能根据自身的需求在最短的时间内获得"教"与"学"的资源，同时平台还会将教师和学生搜索、浏览、使用的体育资源进行记录，这样既能帮助教师和学生回忆运动项目"教"与"学"的过程，同时还会以此为依据，不断对项群相关的体育资源进行全面开发，为高校公共体育项群课程的有效落实提供强有力的资源保障。

## 四、教师教育理念能够得到显著更新

所谓的"教育理念"，指的就是教师在从事各项教育工作时所持有的基本态度和看法。在每一种社会形态的发展过程之中，人的精神、智力、思想、知识等方面的增强都与其传播能力直接相关。一种理念只有被人们真正接受和掌握，才能使其真正在实践中得以应用，先进的教育理念更是如此。也就是说，在高校公共体育课程建设与发展道路中，只有不断将新的教育理念进行推广和普及，高校公共体育的教育理念才会得到不断更新，教师才能深刻意识到公共体育对学生成长与未来发展的重要性，高校公共体育课程的价值才能充分发挥出来。项群化作为高校公共体育课程建设与发展的新思路，将其予以全面推广必然会让高校公共体育教师的教育理念得到显著更新。

（一）开展学习培训活动的力度将得到进一步加大

为了获得良好的教学效果，可以从基础理论学习、认知提升学习、案例研讨学习、实践操作学习四个方面来进行不断深入，更新体育教师固有的传统教学理念，协助教师慢慢建立以及提升智慧教学理念（见图3-4）。

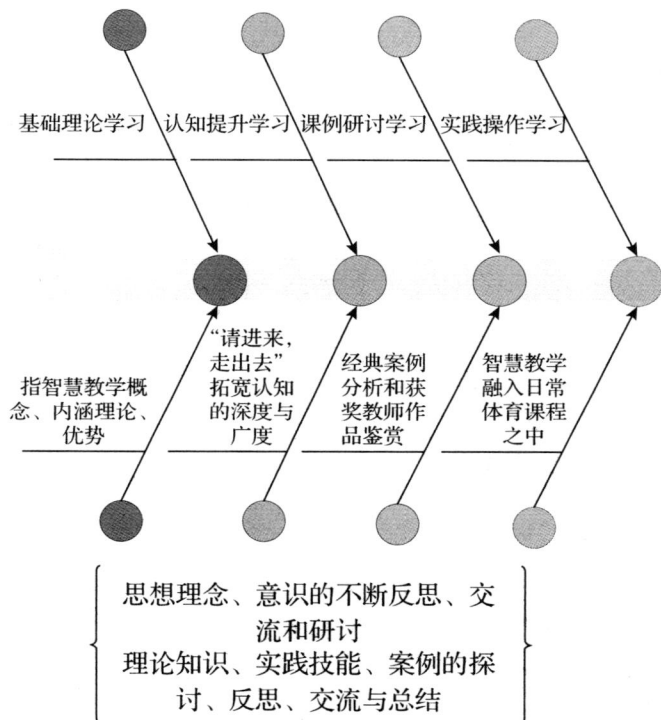

基础理论学习　认知提升学习　课例研讨学习　实践操作学习

指智慧教学概念、内涵理论、优势

"请进来，走出去"拓宽认知的深度与广度

经典案例分析和获奖教师作品鉴赏

智慧教学融入日常体育课程之中

思想理念、意识的不断反思、交流和研讨

理论知识、实践技能、案例的探讨、反思、交流与总结

**图3-4　更新高校公共体育教师教学理念**

资料来源：笔者整理。

第一，推动基础理论学习。体育教师可以通过小组合作的方式，利用空闲时间，通过集中面对面教学和个人自学相结合的方式，完成与智慧教学相关的理论学习。同时还应当明确政策方向，正确获取以及掌握智慧学习的基本含义、理论以及优势等相关的理论基础，在此基础上慢慢达成新时代智慧学习的可持续成长。

第二，增强理念认知。提升对体育智慧教学理念的认知主要从"请进来"和"走出去"这两个角度来进行。其一，所谓"请进来"是指热情邀请体育智慧教学领域的专业人员组织相关专题讲座活动，深度解读体育智慧教学内涵以及本质等内容，围绕体育智慧教学设计以及资源库建设等多个视角开展更为详细的学习分享；其二，所谓"走出去"是指积极号召青年骨干体育教师对兄弟院校体育智慧教学的课堂实施、环境建设、模式构建成效等方面进行实地观摩。采用"请进来、走出去"的两类模式，更新并提升体育教师的教学理念，更好地拓展认知宽度以及深度。

第三，研讨学习体育智慧教学案例。具体的案例能使体育教师对教学各个环节进行生动的理解和体会，理解翻转课堂教学模式、线上线下混合式教学模式、微课程课堂教学应用等体育智慧教学模式和手段对教育教学变革的影响，从而更好地迁移到自己的体育教学过程中，使智慧体育教学巧妙地与传统体育教学协调配合，灵活地运用在日常体育教学过程中。

第四，学习体育智慧教学实践操作。实践出真知，高校充分运用智慧体育课堂，积极组织教研设计、说课比赛等，帮助教师更好地践行教学程序。依靠配套的操作化学习，既可以更好地释放体育教学效能，也有助于理论与技能等更好地内化为体育教学体系的重要胜任力，大幅度增强综合能力与素养。

开展培训学习的整个过程中，依托思想以及意识等方面的持续更新，积极开展思考以及沟通等活动，更好地完善相关培训规划，帮助体育教师在思想层面和行动层面更多地认可体育智慧教学模式，使体育智慧教学的理念真正落到实处。

（二）优化考核，加强激励机制

据调查结果显示，有部分体育教师已经认识到体育智慧教学的重要性并积极开展了体育智慧教学，然而，由于除日常的体育教学工作外，还有自身行政工作任务、参加学科竞赛、课题研究、教学检查等诸多工作压力，以致参加体育智慧教学培训、研究和实践及参加体育智慧教学比赛的时间不足，极大地影响了体育教师开展相关实践活动的主动性。因此，高校也可安排考核程序、制度以及激励体系等配套的优化措施，帮助体育教师更为积极与更为高效地加入体育智慧教学实践活动中（见图3-5）：

第一，从体育教师任职资格、教学基本规范、教学内容和课程体系、三教改革、教学信息化、团队建设等方面，建立健全相关制度，明确教师教学规范、教学能力的要求。

第二，逐步优化体育教师考核机制。将体育智慧教学能力设置为体育教师授课准入资格，坚定不移把该考核机制与聘任、考核、职称晋升条件挂钩。如在每年度考核中引入或加大体育智慧教学考核分值，体育教师在参与体育智慧教学研究性课题、比赛与实践活动时会对应设置多种考核分值。从最初的"选做题"转化为后续的"必做题"，不仅发挥"以评促建"的导向作用，也推动了体育教师迈向智慧教学的步伐。

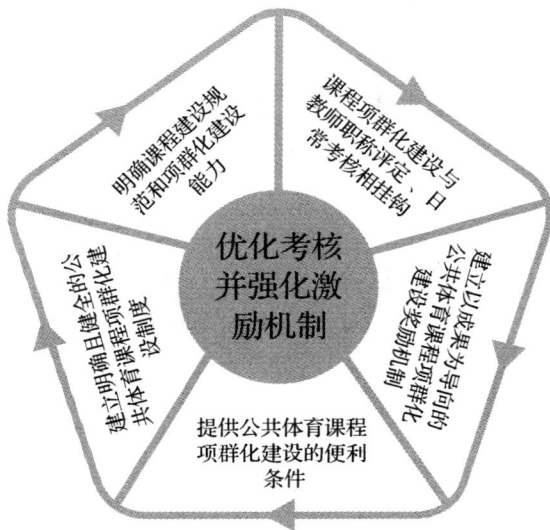

图 3-5 激励机制

资料来源：笔者整理。

第三，强调成果导向，为体育智慧教学的任课教师提供奖励和便利。体育教师需要投入大量的时间和精力，精准定制智慧体育课堂内容，其投入工作量是之前传统体育教学的数倍。如何更好地激励体育教师投入其中，可以在各类体育智慧教学赛事中，设置奖金机制。对参与各级各类教学能力比赛、"金课"评比等获奖的教师给予奖励，并相应地予以绩效考核、职称评定、优秀评比等方面的倾斜性激励。既表现出学校对这些任课教师付出的认可，同时又对其他教师形成正向激励，带动并激发体育教师参与教学改革与建设的积极性。除此之外，学校也应当在慕课、"金课"、混合式教学改革等项目立项上，积极为参与的体育教师创造教学创新的条件，并在工作生活上提供便利，如暂缓班主任工作及其他科室行政性工作等，从而助推体育教师全身心投入智慧教学。在外界的正激励与利好的情况下，多数体育教师会自发加入实践活动中来。

## 五、提升体育智慧教学技术应用水平

体育智慧教学依赖于各种现代技术的重要支持，拥有优秀技术是推动后续体育教学工作的基本要求，摒弃技术单纯分析体育智慧教学是不具备价值的。基于调查结果来分析，当前体育教师的现代信息技术应用能力相对较差，多数体育教师单纯运用 Word、PPT 等配合相关教学活动，大多数体育教师对于视频以及音频等制作技术有明显的不足。对此类问题，高校可提升体育教师获取新知识的能力和信息技术应用能力，因人而异地开展分层培训工作，提高最终的培训效果，全面推进体育教师智慧教学技术应用水平的提升。

（一）组建体育智慧教学骨干教师团队

依托分级抽调的方法，安排具备信息技术优势的青年体育教师与体育老教师参与其中，在此基础上建立骨干体育教师的专业团队，可以由教务领导担任团队责任人。邀请有关的技术专家参与，承担骨干团体的导师责任，结合学校拟定的相关教学规定，定期推动骨干团队开展相关培训，内容涉及应用以及实践类等相关技术，如微课制作、网页设计等。通过这类培训促使骨干体育教师团队较高水平、较为迅速提升应用信息技术的综合素养。有效发挥团队的"领头羊"效应，依托以点带面的方式来加快其他体育老师参与其中，持续深化、提高体育教师应用现代化信息技术的水平。

（二）实施分层体育智慧教学培训

依据体育教师应用信息化水平的个体区别，有针对性地采用分层培训方案。比如对骨干团队核心人员，应当持续提升培训内容的复杂性，不断提高培训内容的难度与深度，促进体育智慧教学的骨干以及应用人员能力的提升；对其他体育教师而言，则应当依据年龄或信息技术水平等开展分层培训工作。对年轻体育教师与学习水平相对较强的老资历体育教师，应当合理引导让其更好地跟随骨干团队，积极掌握体育智慧教学的方法，探索开展体育智慧教学的培训目标；对学习能力较差的部分体育教师，应当借助各项措施更新他们的教学理念，让体育智慧教学理念在他们心中生根发芽。依靠此类分层模式的有效推进，可基于科学规划、更具针对性开展培训工作，进一步科学、合理地提升掌握相关技术的体育教师比例。

结合前述分析可发现，依靠各类分级、分层培训措施，提升体育教师的信息化运用水平，体育教师不仅可有效利用当前体育智慧教学环境的教学模式，尽可能降低教学环境的干扰问题；还可以创造更为优秀的体育教学资源，尽可能控制教学程序上的失误。

## 六、构建体育智慧教学评价体系

当前，科学合理的体育智慧教学评价体系必须结合形成性评价和总结性评价数据，结合定性和定量评价方法，坚持整体化、个体化的评价路径（见图3-6），这也有助于提高课堂评价的精准度。

（一）加强形成性评价与总结性评价相结合

在当前构建的课程评价系统内，多数高校还处在旧有的终结性评价阶段。未能认识到教育成长是持续性的进程，未能充分关注学习过程、价值取向和体育文化素养在体育教育评估中的重要性。公共体育课程以锻炼为主要手段，不仅是通过体育运动和体育教育实现强身健体、促进健康、提高体能的公共必修课，还传递和培育

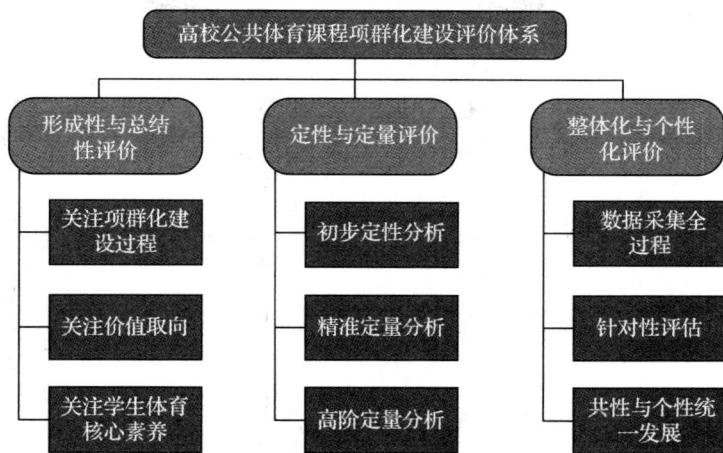

图 3-6　高校公共体育课程项群化建设评价体系

资料来源：笔者整理。

了正确的世界观和人生观，承担了立德树人的基本任务。因此，对学生整体成长过程的品德、综合能力、知识生成等方面的评价应充分纳入体育智慧教学课堂评价之中。在信息技术快速发展的背景下，创新公共体育课智慧教学评价方式，在采用总结性评价的同时，引入形成性评价，注重学生群体的日常学习以及成长，充分重视学生的经验培养。结合生命周期评估的方法，动态追踪学生的成长状况，达成课程育人的预定目标。以互联网为载体的智慧终端时刻记录着学生的数据信息，智慧教学利用学生留下的海量数据足迹，追踪思想和行为的动态，智能监控学生在学习过程中的表现，并可以持续追踪。数据可视化更为直观地展示考核取得的成绩，帮助整体的考核进程发展到更为动态与直观的状态，实现形成性考核与总结性考核的有机结合。

（二）加强定性与定量评价相结合

定量评估是基于事实的判断，体育教师通常使用数学方法来分配可衡量的评估指标。目标的定量计算是通过强调知识的内化程度和对教学目标的思想行为的定量评价来进行的，如对知识的掌握程度、思维能力的水平、对特定价值观的认同等。基于体育智慧教学的量化评价可以借助体育智慧教学平台全方位收集和评价对象的教学数据，并对收集到的数据进行全面系统的分析和挖掘。结合评价目标开展总结，量化为相关指标，开展更为客观的评价。但是定量分析的缺陷也极为显著；仅仅是简单将复杂思想与行为，运用抽象以及生硬的分数和数量来量化，忽略了人的情感因素。另外，定性评价属于价值判断范畴，注重对教育对象的定性分析以及评价，体育教师通常情况下会结合课堂表现以及学习信息等多个内容，开展针对性的价值判断，注重结果和目标的一致性，如学生的价值取向、情感态度、学习效果是否都达到预期教学目标的要求等。但实际采取的定性评价模式，通常有评价反馈较差、评价模式较为简单、结果过度主观等缺陷。所以，在推动评价系统创新发展的进程中，仅运用定量或定性评价是一种片面的评价方法。采用"初步定性分析—精确定量分析—高阶定性分析"来解决体育课堂智慧教学评价问题。

（三）加强整体化评价与个体化评价相结合

体育教学评价即体育教师在教学过程中开展的系统性工作，应把它当作一个有机整体来看。综合评价侧重于学生对学业成绩、综合能力等的整体影响，在大数据的支持下，学生可以依靠智能采集等方式，获取所有评价对象在移动平台遗留的庞大数据，形成丰富的结构化数据，基于全局视角了解群体面貌。及时研判教学评价目标、学生发展趋势和变化规律的各种数据，实现对全过程、各环节的教学评价。但需要注意的是，采取整体评价并不是对每个学生评价毫无区别。高校智慧教学评价应当基于尊重个体个性差别的基本原则，结合不同学生的特征拟订评价方案，教学评价应当更加接近个性化评价。依托大数据赋能测评等方案，采用全面采集、全数据记录、可持续跟踪全过程的方式，精准聚焦不同个体，探索每个学生在不同方面的学习表现，如可以对课堂互动率、活动参与率、作业完成率等微观因素进行准确、个体化的评估。个性化评价是在与学生接触过程中逐渐产生的发展性评价，而不是预先确定的统一评价内容或评价标准。保持整体评价与个体评价相结合的本质在于保持个体的共性和统一性，这是高校体育智慧教学评价体系改革创新的重要思路之一。

# 第四章

# 高校公共体育课程项群化建设的影响因素

## 第一节 全面提高课程建设的"质量意识"

### 一、明确并强化公共体育课程目标

高校公共体育课程项群化建设的根本目标主要体现在三个方面：一是要促进学生身体素质的全面增强；二是要培养终身参与体育运动的意识与习惯；三是促进学生心理健康发展。由此可见，高校公共体育课程项群化建设目标涵盖学生运动参与、运动技能、运动能力、身体健康、心理健康五个方面，同时这五个目标又可以划分为基础层次和发展层次。也就是说，教师只有深刻意识到这五个目标才能为高校公共体育课程项群化建设打下坚实基础。

（一）基础目标

该层次课程建设目标是指学生经过体育知识的学习和体育锻炼之后，能够逐渐形成终身体育观念。例如，学生在参与以体能为导向的速度性项群知识学习和身体锻炼之后，要能够达到掌握基本知识和运动技能，并且还要对运动项目所蕴含的科学原理和文化内涵有一定了解，从而让学生真正喜欢项群中的运动项目，并且能够在其人生中坚持下去。

（二）发展目标

在充分明确高校公共体育课程项群化建设基础目标的同时，还要深刻意识到学生体育核心素养培育的重要性和基本任务，由此方可确保高校公共体育课程项群化建设有效促进学生知识与技能、能力与素养的全面发展。例如，在以战能为导向的集体对抗性项群中，需要培养学生的沟通意识、协调意识、观察意识，由此来提高学生的团队协作能力，为其未来发展打下良好基础。

## 二、优化公共体育课程的内容与形式

在高校公共体育课程项群化建设的过程中，对于固有的高校公共体育课程所带来的颠覆就是课程内容结构更加丰富以及课程组织形式更加多样，能够满足学生多元化的学习需要。

（一）多样化课程内容

教师在构建高校公共体育课程各项群的过程中，既会保留固有的"三大球"等运动项目，还会增加新兴运动项目，如体育舞蹈、手球、地域特色运动项目（速度滑冰等），并根据项群特征进行运动项目分类，以此来吸引学生积极参与运动项目。

（二）引入现代科技手段

从高校公共体育课程项群化构建的全过程出发，对于教师所提出的要求既体现在有效深入挖掘课程资源和优化并创新课程内容方面，同时还体现在确保各项群课程有效落实方面。在此期间，要求课程建设要具备支持智能监测设备和智慧教学设备应用的条件，做到能够运用现代科技手段引领学生体育知识学习和运动参与过程。

（三）融入综合性实践活动

高校公共体育课程项群化建设另一个鲜明的特点就是能够让课内与课外、校内与校外体育活动建立紧密联系，这样不仅充分贯彻落实了"体教融合"的高校公共体育课程发展思想，同时还能为学生参与各项群运动项目提供更为广阔的平台，使学生在运动参与过程中感受到更多的乐趣，助力学生终身体育观念的形成。

## 三、要注重公共体育课程师资培养

毋庸置疑，高校公共体育课程项群化建设涉及项群、课程内容、资源开发、课程运行、课程评价等多个方面，而每项工作的全面开展都需要有高质量的师资队伍作为支撑，所以师资队伍建设与培养也是高校公共体育课程项群化建设过程中必须关注的焦点之一。笔者认为应从以下三方面着手：

（一）收集和分享课程建设与实施经验

高校要为广大公共体育课程任课教师建立课程建设与实施经验库，并鼓励广大教师将对公共体育课程项群化建设的看法、方案等上传至经验库中，供其他教师参考、学习、借鉴。并且还要不定期举办关于"高校公共体育课程项群化建设"的主题研讨会，积极鼓励该领域的相关专家和一线教育工作者广泛分享成功经验，确保为高校公共体育课程项群化建设打造出一支高质量师资队伍。

（二）加强培训和进修

高校公共体育课程项群化建设过程中，对于公共体育课程高质量师资队伍的培养而言，学校应重视与国内知名高校广泛建立合作关系，定期举办教师课程建设与实施能力培训会与研讨会，从而达到有效提高教师队伍整体专业素养和教学能力的目的。例如，×××××高校与北京大学建立合作关系，后者每年定期向前者派遣课程建设领域的有关专家，指导公共体育课程教师队伍课程项群化建设工作，将最新的建设理念、视角、方法分享给×××××高校公共体育课程教师队伍。

（三）建立激励机制

在全面开展高校公共体育课程项群化建设的各项工作时，高校要为广大教师设立课程建设成果奖项，对于在课程建设和相关科研工作方面取得突出成绩的教师要予以表彰和奖励，并且还要将所取得的课程项群化建设成果奖项并入教师职称评审体系之中，以此来有效激发教师在课程项群化建设与课程实施过程中的积极性与创造力。

## 四、要具备完善的评价体系和激励机制

（一）设立科学的质量评价体系

高校在全力推进公共体育课程项群化建设的过程中要始终依据中华人民共和国教育部所颁布的相关文件精神，并结合学校实际情况，对公共课程项群化建设质量作出科学性、系统性、客观性评价，确立明确的课程质量评价目标、评价标准、评价原则、评价方法、评价指标，确保学校能够对高校公共体育课程项群化建设效果予以全面掌控和及时优化。

（二）建立奖励和激励机制

结合高校公共体育课程项群化建设所呈现出的特点，不难发现课程本身可以实现课上与课下、校内与校外体育活动的紧密结合，让课程实施最终能够达到高校公共体育新课程改革所提出的具体目标和要求。对于此，这也意味着高校在全面推进公共体育课程项群化建设过程中，应该在教师课程建设和学生课程参与方面设立相应的奖励措施和激励机制，以此来确保高校公共体育课程能够与社会体育和竞技体育之间形成更为紧密的联系，从而扩大高校公共体育课程项群化建设的影响力，助其在各高校中得到推广。

在质量评价体系的全过程中高校应从学生体育核心素养全面发展的角度出发，针对学生体育知识、体育技能、运动能力、体育精神培养过程与效果，对公共体育课程项群化建设质量作出较为客观的评价。在此期间，学校还要诚邀合作院校和第三方质量评价机构参与质量评价全过程，并结合评价结果为高校提供相关指导，从而保障高校公共体育课程项群化建设的整体质量得到不断提升。

在激励机制的构建过程中要以促进高校公共体育课程任课教师专业能力以及全体高校学生身心健康发展为根本目标，为教师和学生设立公共体育课程项群化建设

与实施激励机制。在此期间，对于能够明确课程建设目标、优化课程内容、创新课程组织形式、积极参与项群活动的教师与学生，要定期给予物质和精神层面的激励，确保高校公共体育课程项群化建设不仅能够推动高校公共体育课程深化改革，更能推进全民健身事业的高质量发展，为培养德智体美劳全面发展的社会主义建设者和接班人不断贡献自己的力量。

## 第二节 提升课程建设过程的"项群意识"

### 一、对课程项群化建设的项群进行深入解读

关于"项群"的研究，最早起源于竞技体育的运动训练领域，随着高等教育公共体育课程改革的不断深化，这一概念逐渐进入高校公共体育课程研究领域之中，从当前现有的学术研究成果来看，学术界对于项群的研究主要强调两个方面：一是对项群类型的研究；二是对项群内部结构的研究。针对前者而言，学术界广大学者认为项群的产生具有清晰的逻辑和关联性，注重运动项目横向与纵向的联合，确保高校公共体育课程体系的内部结构能够保持统整状态。具体而言，在学术界，广大学者普遍认为项群的产生，其目的就是要让教育对象对运动项目形成较为一致的认知结构，让运动技能特征相同的运动项目能够建立明显的逻辑联系，帮助运动对象对某一类运动项目有更加全面和更深层次的了解，进而形成一个较为完整的课程体系。而在教育领域体育课程项群构建的过程中需要以现代教育理念作为基础，并将先进的教育技术作为重要平台，通过运动项目中存在的相互影响和相互依靠的关系，对运动项目进行统一的划归，最终形成一个完整的体育课程体系。这样的项群构建并不存在运动项目的主次之分，教师只需要对其进行横向整合，有效克服运动项目之间的割裂现象即可，以此来确保体育课程本身的统一性。

就后者而言，广大学者普遍认为项群建设主要是以课程作为基础或焦点，引进相关运动项目，从而形成一个完整的运动项目群。这一研究观点所体现出的则是每个项群内部至少要有两个特点一致的运动项目，由此形成一个结构较为合理、层次较为清晰、彼此联系较为紧密，并且能够保证运动项目之间存在高度互补性的运动项目群体。这样的项群构建过程往往会使同类型的运动项目组合起来，虽然在课程内容上相对独立，但是运动项目之间却存在较为紧密的联系，无论是在理论知识上，还是在运动参与过程上都能保持一定的连贯性和递进性。这种项群攻坚方法显然让项群内部运动项目存在主次之分，与之联系较为紧密的运动项目能够让学生拥有更为丰富的运动体验过程，学生体育知识和体育技能结构以及运动能力和体育核心素养的培养也会变得更加完善。通过以上观点的论述，可以得出一条重要结论：

在高校公共体育课程项群化建设过程中，上述两种项群攻坚方法都可以作为理想的切入口。

## 二、明确课程建设过程"项群意识"提升的关键

（一）确立高校公共体育课程项群建设的基本方案

在全面推进高校公共体育项群化建设进程，不断提升课程项群化建设整体质量的过程中，各高校应结合自身所在区域的特点，制订出高校公共体育课程项群化建设的具体实施方案。

1. 明确意义，厘清思路

在高校公共体育课程项群化建设工作的深化落实过程之中，提高广大教师的项群意识需要从三方面入手，分别为：全力开展宣传工作，高校明确公共体育课程项群化建设的意义；全面加强技术指导，帮助广大任课教师厘清思路，为公共体育课程项群化建设提供重要的智力支持；要以评促进，推动高校公共体育课程项群化建设工作高质量开展。

针对全力开展宣传工作，高校明确公共体育课程项群化建设的意义而言，就是要让广大任课教师能够深刻意识到高校公共体育课程项群化建设的重要作用，营造有效建立公共体育课程改革新氛围，实现公共体育课程规划的创新。针对全面加强技术指导，帮助广大任课教师厘清思路，为公共体育课程项群化建设提供重要的智力支持，主要是以积极组织项群训练理论学习、开展专家指导、筹备并落实专题讲座为重要抓手，让高校公共体育课程项群化建设拥有强大的保障条件。针对以评促进，推动高校公共体育课程项群化建设工作高质量开展，则是要以激励机制和质量评价作为手段，对高校公共体育课程项群化建设的过程提出明确规范和要求，并且对其成果做出客观而又公正的评价，从而为推进高校公共体育课程项群化建设打下坚实基础。

2. 主题引领，项目推进

在确保高校公共体育课程项群化建设健康发展的同时，各高校应采用主题引领，项目推进的方式，示范引路，辐射经验，带动学校公共体育课程项群化建设。其间，学校和广大公共体育课程任课教师要围绕"提升体育学科教学有效性的公共体育课程项群化建设""基于适应学生发展的学校公共体育课程统整""运用STEAM 理念建设高校公共体育课程的实践研究""品质教育下高校地域性特色公共体育课程图谱的建构与实践"等主题，从不同视角、不同类型的公共体育课程项群化建设实践探索中，不断积累实践经验。

3. 专业支持，提供保障

为了保证学校公共体育课程项群化建设能科学有效地开展，特别是对于一些重

点探究的课题和项目实验院校，各级主管部门应重点提供三类专业支持：一是指导工作。从明确问题到确定主题，从梳理资源到确定内容，从研究设计到实践操作，进行跟踪指导，保驾护航。二是与市教科院普教所开展区级层面的专业合作，帮助学校提高理论水平和研究技术，提升研究品质，解决关键问题。三是邀请市教研室相关教学专家，对项群化建设过程中的一些实践性问题，给予具体指导，促进理论与实践相结合，提高项群化建设的品质与可操作性。

（二）反思并确定公共体育课程项群化建设的路径

回顾课程项群化建设所取得的成果，不难发现当前已经初步形成两条构建路径：第一条路径注重学科课程之间的横向统整，教育领域称为统整式项群；第二条路径注重以某个学科课程为基础或核心，围绕此学科课程开发一定的拓展型课程和研究型课程，教育界称之为焦点式项群。

1. 统整式项群

统整式课程群是指根据某种标准，如教学主题、教学内容的相似性等在不同学科课程之间进行跨学科整合，探索将这些学科打通与重组的行动方案。既保持各学科原有知识结构、序列，又形成将各学科优势融为一体的主题课程，并有计划、有步骤地实施主题课程教学，发挥跨学科统整的综合优势。

2. 焦点式项群

焦点式项群是指学校以既有的某个或某公共体育课程为焦点，自主研发有益于促进学科核心素养培育的相关课程。学校在进行这种类型的项群建设时大致有两种思路，即特色课程的开发和学科知识素养的课程化。

（1）特色项群。所谓特色项群的开发是指学校所开发的校本课程是对基础课程某方面内容的进一步丰富，使学生在此内容方面形成专长，学校在此方面形成特色。

（2）知识素养项群。焦点式项群建设的第二种思路是学科知识点和学科素养的课程化，即先明确焦点课程的哪些知识点需要进一步深化、焦点课程的学科素养有哪些，然后围绕需要进一步深化的知识点和学科素养开发系列校本课程。

在整个学段，学生体育学科学习现状是：面对一位教师、一本教材、围绕一个考试目的，这种状况已经不能满足学生多样化、个性化的课程选择需求，更不能使学生在知识与技能、过程与方法、情感态度与价值观等方面协调发展，核心素养的培育往往得不到有效落实。

为改变这一状况，部分高校期望通过建构公共体育课程项群，让学生在整合与开发的基础型、拓展型和探究型三类课程学习中，提高综合素养，奠定基础，所采取的模式是一本多维的"1+X"模式。

"1"为核心课程，即国家基础课程，"X"为学校自行开发的课程，包括外围课程和综合实践课程。核心课程是指高校公共体育国家规定的课程，教师根据学生实际进行合理的增选和顺序进度上的重新编排。项群构建过程中，在核心课程的建设上，主要强调教学理念、教学策略上的改变，主要是抓住"课前导练""课中自学""课后导练"三个方面落实教学计划。外围课程是指围绕核心课程教材中涉及的知识点及学生体质与健康拓展与提升的需要而形成的多元创生课程，是学科知识点和学科素养的课程化。在教法上，强调情境教学，激发学生学习的兴趣，重在引导学生进行体验式、参与式学习。

## 第三节　深入挖掘并持续丰富"课程资源"

伴随新一轮高等教育课程改革的深化落实，中华人民共和国教育部于 2018 年正式出台《教育信息化 2.0 行动计划》，明确指出要将构建一体化的"互联网 + 教育"大平台视为当下推进高等教育课程改革的一项重要举措。而构建一体化的"互联网＋教育"大平台的实质，就是要实现课程资源、优秀师资、教育数据、信息红利的高度共享，切实提升高等教育服务的购进水平和教育治理水平，展现高等教育改革质变的成果。特别是随着中国数字技术和网络技术的飞速发展，高等教育课程改革无疑迎来了前所未有的新机遇，高校公共体育课程项群化建设也要抓紧这一新机遇，实现课程的高质量建设与发展目标。在这里，利用新技术深入挖掘并丰富课程资源就成为影响高校公共体育项群化建设的一个重要因素。这就意味着高校在公共体育课程项群化建设的全过程中，要重视利用新技术和新媒介不断对课程资源进行深入挖掘，这样固然可以使项群课程内容不断丰富，更能推动课程组织形式的多样化发展。新课程资源类型应包括数字化运动项目信息资源、各运动项目的在线教育平台资源和以数字技术为基础的教学方法资源。数字化运动项目信息资源主要涵盖大量的赛事新闻、赛事直播、动作技巧视频等，这些课程资源具有明显的趣味性和丰富性特征，能够促使各项群更加吸引学生，充分激发学生项群知识学习和运动参与的兴趣。各运动项目的在线教育平台资源主要是指以在线教育平台为基础开展的各运动项目课程活动，为高校公共体育项群课程的实施提供更多新途径，学生可以根据自身的兴趣爱好在线选择和参与项群活动，让学生掌握体育知识和专项技能，培养运动能力和体育核心素养的过程更加个性化。以数字技术为基础的教学方法资源泛指运用各种新媒体技术、虚拟现实技术为学生提供沉浸式的学习体验。

### 一、拓展高校公共体育课程运行的时空场景

就固有的高校公共体育课程运行过程而言，往往会受制于场地与时间两个重要因素，而随着信息化和数字化时代的到来，全新的教育技术固然可以帮助高校公共

体育课程运行过程突破这些局限，让其在时间与空间上得到有效拓展。以高校公共体育课课程在线运行平台为例，诸多线上课程平台的应用显然可以有效提升高校公共体育课程运行的灵活度，学生和教师在访问这些线上课程平台时，教师可以获得学生的学习需要，学生可以针对自己感兴趣的项群内容进行选择，这样显然可以让"教"与"学"的过程保持时时对接。另外，从线上课程平台的资源构成角度来看，其包括项群相关的视频、图片、音频等类型课程资源，这样可以让学生感受到项群课程本身所具有的趣味性。然而这些资源的形成并非易事，需要学校对线上课程平台的积极引进与开发，同时还需要教师根据自身的教学经验和专业能力将视频、图片、音频进行有效制作，确保学生随时随地都能了解项群所涉及的体育知识和专业技术技能，并且能够根据学生学习和运动参与的实际情况，为之提供个性化的学习路径。还有一方面尤为重要，即教师要根据学生的学习数据和运动参与数据，为学生制定个性化的课程资源，并做到定期向学生推荐，由此才能助其在校学习的各个阶段能够达成公共体育课程的学习目标，为高校公共体育课程项群化建设与高质量运行提供重要的资源保障。

## 二、重塑高校公共体育课程教学的师生关系

顺应新媒体的即时性和交互性，体育教师应重新审视师生关系，从传统的教师主导型教学模式向更加平等、互动和个性化的方向转变。一方面，体育教师要从传统的知识传授者转变为学生体育学习过程的指导者和促进者，积极利用新媒体工具和平台，引导学生进行自主学习和探究学习。例如，通过在线论坛、社交媒体群组等方式，与学生进行实时互动，解答学生疑问，提供学习建议。另一方面，新媒体技术为学生提供了更多参与教学过程的机会。体育教师应鼓励学生通过在线投票、问卷调查、小组讨论等方式，参与到体育课程内容的制定和教学方法的选择中，以此增强学生学习动机和归属感，同时也使体育教学内容更加贴近学生实际需求。此外，体育教师应积极利用学习管理系统（LMS）和数据分析工具，跟踪学生体育学习进度和行为模式，从而提供定制化的学习资源和反馈。例如，可以根据学生的学习历史和兴趣，推荐相关的在线课程、视频教程或阅读材料。

## 三、优化高校公共体育课程的内容构成

高校公共体育课程项群化建设最终的目的就是要让学生在校期间系统化掌握至少两个运动项目相关知识与技能，并且在运动参与过程中运动能力和体育核心素养得到全面发展，确保学生始终处于身体健康和心理健康状态。可是，这一目的的达成却需要诸多因素为之提供支撑，其中课程内容能否发挥出支撑作用无疑至关重要。对此，高校公共体育课程项群化建设过程中，教师应将课程内容的全面优化视

为重中之重。笔者认为高校公共体育课程任课教师要善于利用先进的教育手段和多样化的教学资源，将课程内容体系予以不断丰富，赋予其动态化和个性化两个新特征，这样才能确保课程内容有效激发学生项群参与的积极性与主动性。教师可以有效利用制作好的视频、动画、图片、互动模拟资源，将实操性和体验感不强的教学内容变得更加具象化和生动化，从而体现出教学内容本身的趣味性，让学生更好地了解项群相关体育知识和运动技能。另外，教师还要善于通过智慧教学手段（如AR 或 VR 技术等），为学生建立仿真程度较高的虚拟学习和运动参与空间，让学生可以在特定的环境之下学习具体运动项目的技术动作，并且从中发现技术动作在实际运用过程中的瑕疵，这些新资源和新技术的融入显然可以生成新的课程内容，对于项群课程高质量运行显然可以提供强有力的带动作用。

### 四、促进高校公共体育课程教学的组织延伸

随着教育技术创新发展速度的不断加快，高校公共体育课程运行过程有效消除空间隔阂也正在成为现实，而高校公共体育课程项群化建设更是将实现这一目标作为一项重要任务，确保课程运行能够跨越课堂场域，让课程组织开展的形式从课堂延伸至课外，从校内延伸至校外，为高校学生体育知识、专项技能、运动能力、体育核心素养全面发展提供更为广阔的平台。可是在该过程中需要教师运用多种先进技术和多个载体才能实现这一目标，这些也成为影响高校公共体育课程项群化建设的重要因素。例如，教师要利用新媒体为高校公共体育课程与体育社团架设桥梁，确保项群课程能够延伸至课外，教师只需要通过社交平台、在线论坛、无线终端设备，就能够与学生社团之间建立互动关系，让课程所涉及的体育知识、专业技术、训练技巧有效融入体育社团活动之中。这样显然可以为学生提供更多的运动参与机会，并有效激发学生运动参与的兴趣，同时还能够让项群课程内容进一步体现出实用性。另外，教师还要注重与专业团队之间建立密切合作关系，确保"体教融合"在高校公共体育课程项群化建设中得到充分体现，使专业的指导、专业的设备、丰富的体育活动经验能够助力高校公共体育课程运行质量快速提升。

# 第五章

## 高校公共体育课程项群化建设的关键点

## 第一节　合理的课程筛选与项目合并

### 一、明确现有高校体育公共课程相似项目合并的必要性和优势

就当前高校公共体育课程改革所采取的措施而言，将相似性较高的选项课并行已经成为一种普遍现象，在这样的情况之下，学生只需要根据课程所涉及的运动项目，选择一个运动项目学习即可，这样的学习过程注定会导致学生对体育运动的了解不会更加广泛，并且也会造成公共体育课程资源闲置等现象的产生，课程资源的利用率无法得到保证。

而根据项群特征进行运动项目合并之后，学校可以将之前分散在不同项群中的课程资源整合至一个项群之中，这样无疑可以有效避免课程资源浪费现象的出现，达到有效提高课程资源利用效率的目的。同时，公共体育课程师资力量也会向某个或者某几个项群集中，课程运行的效率和质量也会就此得到提升。从学生的角度出发，通常情况下，学生在面对两个相似程度较高的运动项目时，通常很难选择究竟应该学哪个，而将运动项目根据项群特点进行科学合并之后，学生只需要做出一次选择即可，所学的体育项目彼此之间会保持紧密联系，这样无疑可以有效减轻学生的学习负担，让学生更专注于项群的学习。在此过程中，学生对于项群内的课程资源利用效率也会得到明显提升，对于运动项目的知识和专项技能的掌握情况以及运动能力、体育核心素养的培养效果也会更加趋于理想化。

### 二、合并前后的课程设置内容的对比分析

对于高校公共体育课程项群化建设过程中的相似项目合并而言，教师还要针对课程设置内容进行全方位对比和客观分析，这样才能确保运动项目的合并更加科

学，合并后的运行效果会超越运动项目合并之前。教师应对运动项目合并之前以及合并之后的课程内容变化情况进行对比，从中得出在运动项目合并之后课程设置是否能够满足学生运动参与需求，是否能够满足高校公共体育新课程改革所提出的课程目标，同时还要对运动项目合并之后对课程和教学产生的影响作出重要评估。

教师对项群课程目标、课程教学内容、课程教学方法、课程教学评估方式进行详细对比之后，可以从中找到相似和不同之处，并对这些相似与不同的实际价值进行深入分析，其结果会给运动项目合并之后的课程内容设计带来重要启示。

## 三、师资和场地资源的合理利用

再从师资与场地资源的角度进行分析，高校公共体育课程运动项目合并过程也会将这一因素作为重要参考，其原因在于运动项目按照项群特点进行合并，可以让师资力量和场地设施的配置变得更加充足，选择人数较少的运动项目所拥有的师资力量和场地资源会流向项群内的其他运动项目，由此项群的整体教学质量和教学效果会得到明显提升。在此期间，项群内部还可以将师资力量和场地资源根据运动项目选择的人数进行合理调配，同时也有利于这些资源进行统一化管理，避免高校重复建设课程资源的现象出现，同时也可以有效避免课程资源浪费的情况产生。在这里，还有一点需要加以强调，即在运动项目科学合理的合并之后，课程资源会在无形中得到重新组合，这样也可以更好地激发出学生运动参与的积极性，让项群课程本身更加具有吸引力，学生对于高校公共体育课程的满意程度也会进一步提升，而这恰恰是确保高校公共体育课程运行质量和教学效果的必要条件。

## 四、三大难点

（一）课程内容整合难度较大

在高校公共体育课程项群化建设的运动项目合并过程中，主要的难点就是如何将两个相似程度较高的运动项目合并至一个项群。由于原本处于不同项群的两个独立的运动项目无论是在作用和价值上，还是内容上都会存在一定的重复性与互补性，如何在项群整合过程中确保运动项目本身的完整性与连贯性显然是一项严峻的挑战。高校公共体育课程教师在应对这一挑战的过程中，关键是要制订出较为清晰而又明确的运动项目整合方案，同时还要确定每个运动项目内容之间所具有的关联性，以此为契机对项群结构设计进行合理的调整与安排，这样才能确保学生所学习的项群知识和技能以及培养相关能力和体育核心素养更加全面。

（二）师资和场地资源调配难度大

由于运动项目按照项群特征进行合并之后难免会出现师资力量或者场地设施配置不均衡的情况，由此导致学生运动参与的过程无法满足学习需要。对此，教师在解决该问题的过程中，关键在于对项群内的资源进行有效整合与调配，可以对项群教学技术进行重新制定，让师资、场地、设施根据学生项群选择情况进行合理的分配，以此来保障项群资源的利用率能够达到最大化。

（三）学生适应心理改变难度大

就学生而言，由于在原有的公共体育课程体系中，学生对运动项目的教学过程已经产生高度适应性，将运动项目按照项群特征进行合并，以项群为载体开展运动项目的教学活动势必会给学生的学习带来一定的不适，如果教师不能作出有效处理，势必会让学生产生一定程度的困惑。对此，教师在有效应对这一挑战时，先要引导学生充分理解运动项目按照项群特征进行合并的必要性与意义，并且还要对固有的运动项目教学方法和体育资源进行合理创新，让学生能够意识到运动项目合并对于自己系统掌握体育知识和体育技能，提升运动能力和培养体育核心素养所具有的优势，帮助学生快速适应运动项目合并后的教学环境和教学过程，为学生提供更好的课程体验感。

## 五、学生反馈及效果评估

教师在根据项群特点将公共体育课程作用和内容较为相似且存在一定互补性的运动项目进行合并之后，学生课程参与过程所提供的信息反馈以及对课程学习效果的评估会直接影响高校公共体育课程项群化建设与落实的效果。因为广大教师通过学生的看法和学生的课程体验过程，可以更好地反映出运动项目按照项群的特点进行合并所产生的效果，充分反映出该项工作开展的意义和价值，这些信息反馈通常会涵盖学生对项群内部结构设置的满意程度、体育知识学习和运动参与时的体验感、学习成效等多方面。例如，部分学生会认为运动项目按照项群特征进行合并后，在知识与技能的学习过程中可以感受到更为强烈的趣味性，部分学生会认为运动项目合并后课程本身的难度增加，需要一定的时间和精力来应对这些新挑战，这些显然能够为教师合理调整项群内部结构提供重要依据，所以这也是广大教师在进行高校公共体育课程项群化建设与落实过程中必须关注的焦点。

对于学习效果评估而言，主要是对学生课程参与后的学习成绩、参与程度、身体素质等方面的实际情况进行衡量，通常在运动项目合并之后，项群课程往往能够对学生学习过程和课外体育活动的开展带来积极的促进作用，能够帮助学生更好地增强身体素质和提高综合能力。因此教师在评判运动项目按照项群特点进行合并的效果时，学生参与程度也要作为一项重要指标，从而客观反映出项群本身对学生的吸引力和实效性。

然而如何才能对学生所反馈的信息进行有效收集、整理分析以及如何对学生学习效果进行有效评估，自然成为摆在每一位高校公共体育课程任课教师面前的又一难题。笔者认为广大教师应该通过大数据技术将学生意见和效果评估的数据进行系统化的统计与分析，根据数据采集与分析的各项结果对项群内部结构和课程教学方法进行及时调整，由此方可确保高校公共体育课程项群化建设的整体质量和学生满意度，为学生提供更好的学习体验感和运动参与体验感。

# 第二节　建立系统化的内容体系

## 一、构建项群化高校公共体育课程体系

在高校公共体育新课程改革中，体育课程与运动项目的深度结合始终是促进该课程改革以及优化课程建设思路的主要方向。由于项群训练理论作为体育教育领域的重要理论成果，在体育教育理论中处于中观层次，能够宏观地与体育教学理论和未更换的运动单项教学理论之间形成有效衔接，所以高校公共体育课程在全面深化改革过程中，应从项群训练理论核心思想出发，让高校公共体育课程既能呈现出较为先进的教学理念，同时还能展现出高质量的课程教学实践过程，促使高校公共体育课程改革朝着新高度迸发。在项群训练理论中，其观点的层次性和理论要点显然与高校公共体育课程项群化建设之间存在高度的契合性，运用该理论对高校公共体育课程项群化建设进行剖析，无疑可以确保从宏观层面分析出运动项目训练理念如何融入高校公共体育课程，同时还可以在具体方法上推动体育项目与高校公共体育课程相融合。

就当前而言，笔者认为高校在进行公共体育课程项群化建设的过程中，应该对固有的运动项目分类原则进行全面深化，充分挖掘潜在的运动项目，并且将这些运动项目按照竞技技能影响因素进行系统性归纳和总结。针对竞技技能影响因素较为相似的运动项目，有效对其运动项目进行分析，最终进行合理的项群划分，最终得出运动目标高度统一的公共体育课程项群，以此来保障运动项目与高校公共体育课程的相互融合，为高校公共体育课程的高质量发展提供有力支持。在此期间，教师应采用"运动项目 + 公共体育课程教学"的方式，构建高校公共体育项群课程，其中相关的项群应该包括团队协作能力融入团队项群、弘扬传统体育文化融入传统体育项群、将顽强拼搏和坚持不懈体育精神的培养融入耐力性项群，将培养正视困难和敢于挑战自我的能力融入对抗性项群，将沉着冷静心态和辩证思维能力的培养融入智力项群，将激发创新意识、展现自信、超越自我意识的培养融入表现难美性项群。经过上述分类，显然可以确保广大教师和学生在不同体育项目的"教"与"学"过程中，发掘体育公共课程各课程项目本身所具有的共通性和特色，为运动项目与公共体育课程教学的深度融合提供强有力的支撑条件。

结合项群训练理论所带来的启示，高校教师在进行公共体育课程项群化建设时，可以将学生的体育兴趣和体育爱好作为根本出发点，并将项群类别划分的原则与方法作为重要突破口，以专项技能和运动能力的培养作为重要目标，全面确立起项群化的公共体育课程内容体系，以此来促进学生身体与心理维度的全面发展。在具体实践操作过程中，教师应注重对不同项群进行全面甄别和划分，让具有相同教育内涵的具体运动项目归为同一项群，从而实现运动项目教育作用的"聚类"效应。此外，还要根据运动项目的深层价值，将运动项目进行更为精细化的分类，由此形成特色更加鲜明的项群。该操作的意义就是让运动项目与公共体育课程教学的联系更加紧密，让公共体育课堂活动成为运动项目传播和推广的重要载体，并且能够为学生终身体育习惯的养成提供有力支持。在这里，笔者认为应从"课程设计—课程实施—课程评价"三个层面入手，建立高校公共体育课程项群化建设理念和框架体系，为课程内容体系的科学构建打下坚实基础，具体如图5-1所示。

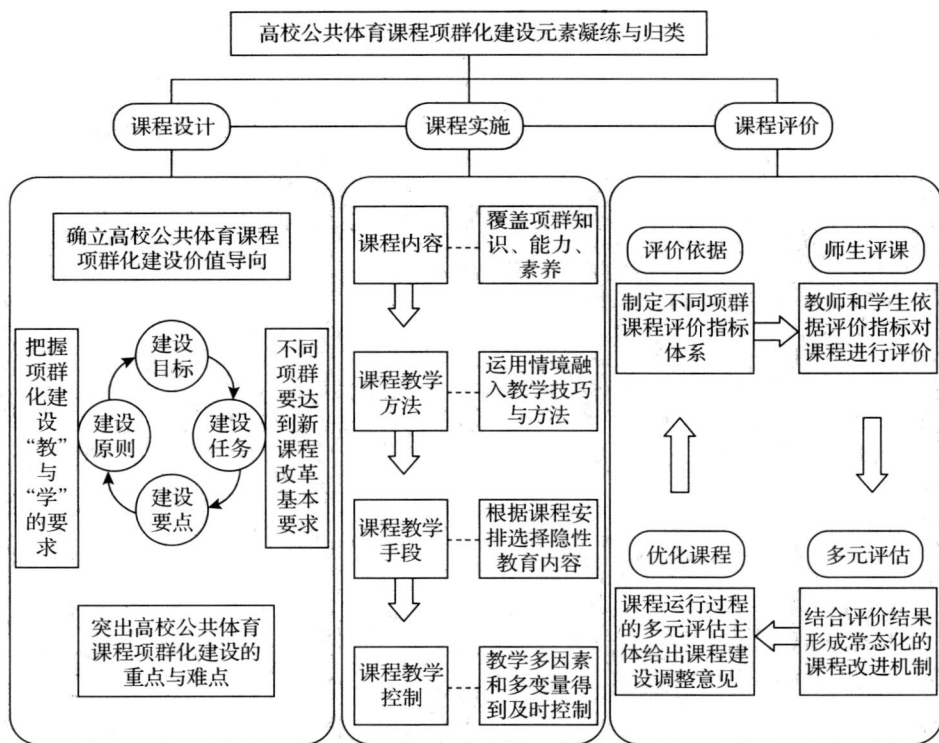

**图5-1 高校公共体育课程项群化建设的理念与框架**

资料来源：笔者整理。

　　依据项群训练理论，高校在进行公共体育课程项群化建设时，应以课程内容的特点和作用作为基准，根据项群训练理论的核心思想，将课程内容进行系统化的类别划分，从而确保高校公共体育课程内容体系更加趋于科学化、合理化、系统化。也就是说，特点和作用相同的课程内容应被划归至同一项群之中，因为在同一项群之内，课程内容之间具有共同的教育属性，与其他项群相比，课程内容能够体现出一定的差异性和鲜明特色。按照这一思路，笔者构建出基于项群理论的高校公共体育课程内容归类分析表（见表 5-1），将高校公共体育课程所涵盖的运动项目以及所承载的教育属性进行具体说明，根据这一分类体系可以帮助广大高校公共体育课程教师更加准确地把握课程项群化建设的教育价值，从而为有效增强高校公共体育课程教学整体效果提供强有力的保障条件，为后续高校公共体育课程项群化建设的具体实施过程指明方向。

表 5-1　基于项群理论的高校公共体育课程内容归类分析

| 项目类别 | 运动项目 | 项群特点 | 能力素养的培养 |
|---|---|---|---|
| 团体性 | 篮球运动、足球运动、曲棍球运动等 | 团队配合意识强、要求团队成员相互信任、配合默契、集体执行战术布置 | 合作精神、团队意识、交往能力、适应能力、责任意识、竞争意识、大局观念的全面培养 |
| 民族传统性 | 地方特色体育项目 | 历史较为久远、民族特色和地方特色较为明显、兼具个人项目和团体项目 | 民族文化自信、民族传统文化的传承与弘扬、民族文化认同感的全面培养 |
| 对抗性 | 拳击项目、散打项目、跆拳道项目 | 身体对抗程度较高、需要较强的意志力和忍耐力、以一个人项目为主 | 全面培养学生顽强拼搏、敢打敢拼、不畏困难、尊重对手、百折不挠的意志品质 |
| 难美性 | 体育舞蹈、健美操等 | 动作标准较高、动作难度较大、动作要具备创新性和观赏性 | 培养学生善于发现美和欣赏美的能力以及善于总结和团队协作的能力 |
| 益智性 | 国际象棋项目、国际围棋项目等 | 以智力为支配的脑力运动，所有战术安排均由个人执行 | 培养学生审时度势的能力以及理性思维和辩证思维 |
| 耐力性 | 中长和超长田径项目、游泳项目、场地自行车项目、竞走项目等 | 对身体素质、力量、耐力有着较高的要求 | 培养学生坚定的信念以及超越自我和坚韧不拔的品质 |

　　资料来源：笔者整理。

## 二、建立高校体育课程内容的基本框架

高校教师在明确公共体育课程项群化建设的具体目标之后，要对其进行有效提炼，并将提炼后的目标进行科学界定，赋予课程目标更为深刻的内涵，促使高校公共体育课程项群化建设能够形成更为具体的内容体系框架。在这里，笔者认为内容体系框架应包含健身性、文化性、选择性、实效性、科学性和可接受性等多方面内容，确保学生在学习和参与体育运动的过程中能够最终实现全面发展，具体如表5-2所示。

表 5-2 高校体育课程内容体系基本框架

| 高校公共体育课程目标 | 高校公共体育课程目标内涵解读 | 高校公共体育课程内容框架 | 高校公共体育课程内容具体要求 |
| --- | --- | --- | --- |
| 运动参与 | 运动参与意识（终身体育意识） | 体育知识的系统化学习与掌握 | 以保障学生健康发展为根本目的 |
| | | 制订体育锻炼的详细计划与运动处方 | |
| | 运动参与能力（欣赏体育文化并制订个人身体锻炼计划） | 明确高校公共体育与终身体育 | 以帮助学生建立终身体育意识和养成终身体育习惯为目的。并以高校公共体育与终身体育接轨为侧重点 |
| | | 运动参与 | |
| | 形成良好的运动习惯 | 制定运动处方 | 以学生探究式实践为主要开展形式 |
| | | 积极开展课外体育实践活动 | |
| 运动技能 | 熟练掌握至少两项运动技能 | 系统化学习和掌握运动知识 | 学生专项学习的项目要具有较大的选择空间 |
| | | 专项运动项目概述、技术、运动规则、裁判规则 | |
| | 可以自主开展科学的体育锻炼 | 专项运动与健康娱乐 | 要善于利用各种媒介进行信息获取，不断更新课程内容 |
| | | 运动参与 | |
| | 可以采用正确的方式处理运动损伤 | 田径运动、球类运动、武术运动、舞蹈项目等 | 将竞技运动健康化和教学化 |

续表

| 高校公共体育课程目标 | 高校公共体育课程目标内涵解读 | 高校公共体育课程内容框架 | 高校公共体育课程内容具体要求 |
|---|---|---|---|
| 身体健康 | 可以掌握有效提高身体素质以及全面发展自身体能的知识和方法 | 相关知识的系统化学习与掌握 | 根据学生自身的能力以及个体差异设置课程内容，并做到课程内容具有较大的可选择空间 |
| | | 健康的生活方式 | |
| | 有效形成正确的生活方式，并能合理选择健康食品 | 健康测试与评价 | |
| | | 运动参与 | |
| | 能够有效开展提升体质健康水平的体育活动 | 速度、耐力、柔韧性、协调性、灵敏性、弹跳能力等素质练习 | |
| | 具有健康的体魄 | 与健康或运动技能相关的体能发展选择性学习 | |
| 心理健康 | 通过体育活动有效改善心理状态 | 系统化学习并掌握相关知识 | 做到有理论、有实践、有运动过程，并且确保运动过程的组织开展形式具有较强的科学性、合理性、安全性 |
| | | 体育运动与情绪、体育运动与意志品质 | |
| | 可以通过有效的方法对自身情绪进行有效调节 | 运动参与 | |
| | 能够体验运动时的快乐和成功感觉 | 田径等素质内容的拓展性练习 | |
| | 具有勇敢坚毅的意志品质 | 社会适应能力锻炼 | |
| | | 挑战性运动 | |
| 社会适应 | 能够拥有良好的体育道德 | 学习并掌握相关知识 | 以奥林匹克运动为侧重点 |
| | | 体育的发展史与体育文化 | |
| | 能够正确树立合作精神 | 体育与社会适应 | 以体育的社会性特点以及体育运动的社交功能为侧重方向 |
| | 可以正确处理竞争与合作之间的关系 | 社会实践活动 | |
| | 积极参与公共课程以外的社会体育活动 | 集体性运动项目 | 根据学生的运动兴趣和运动能力，充分发挥学生在知识学习和运动参与中的主体性作用，并且强调以探究式实践活动为主要选择 |
| | 体育活动具有较强的实践性和创新性 | 课内与课外小型竞赛活动 | |
| | | 多样化的体育实践活动 | |

资料来源：笔者整理。

## 三、建立高校公共体育课程内容新体系

根据当前中国体育教育工作发展的主要方向与特点，高校公共体育课程建设与发展必须始终坚持"健康第一"这一指导思想，强调以素质教育为中线，从高校学生的思维活跃性和个性化发展的角度出发，结合学校公共体育课程发展的实际情况，对高校公共体育课程在健身、娱乐、文化、社会等方面的功能不断予以拓展，从而使高校公共体育课程的理论教育和实践教育结构得到不断优化，使学生能够从整体层面有效了解公共体育课程的本质与实质以及参与体育锻炼对身心健康发展所具有的现实意义。在此基础上能够对关于人体科学、运动项目、运动处方等方面的知识予以系统化了解和掌握，并促使高校学生能够建立终身体育思想，有效提高日常体育锻炼的积极性和主动性。这就要求在高校公共体育课程项群化建设的过程中，要对固有的高校公共体育课程内容体系予以重构。在这里，笔者认为课程内容中，理论性知识内容应占内容体系总量的10%，技能性内容要作为内容体系的核心组成部分，占内容体系总量的70%，情感性内容和操作性内容则要各占内容体系总量的10%，具体分类如表5-3所示。

表5-3 高校公共体育课程内容分类

| 分类 | 具体内容 | |
|---|---|---|
| 体育知识理论（占内容总量10%） | 体育卫生知识、人体健康知识、体育保健知识、人体环境知识、体育养生知识、自我判断与保健知识、运动疾病预防及治疗知识、运动营养学知识等 | |
| | 运动技能分析及相关竞赛规则 | |
| | 体育欣赏、奥林匹克文化、体育美学等 | |
| 技能性内容（占内容总量70%） | 促进身体全面发展的内容（占内容总量的15%） | 身体耐力、力量、灵敏性、协调性、平衡性、腰腹力量、弹跳能力练习等 |
| | 竞技娱乐性内容（占内容总量的45%） | 休闲娱乐类：体育舞蹈、形体、健美操等 |
| | | 竞技类：足球运动、篮球运动、排球运动、乒乓球运动、网球运动、羽毛球运动、田径运动内容等 |
| | | 格斗类：防身术、散手、跆拳道、武术套路内容等 |
| | 保健传统性内容（占内容总量的10%） | 八段锦、太极拳、太极剑、气功内容等 |
| 情感性内容（占内容总量10%） | 各类体育游戏、体育比赛、体育竞赛 | |

| 分类 | 具体内容 |
|---|---|
| 操作性内容<br>（占内容总量10%） | 运动处方内容 |
| | 科学体育锻炼原则与方法 |
| | 生存自救内容 |

资料来源：笔者整理。

## 第三节　依托项群特点合理进行课时分配

从高等教育课程体系基本构成的角度出发，公共体育课程之所以作为至关重要的组成部分，其根本原因在于该课程对于学生身体素质以及综合素养的全面发展起到积极推动作用。可是，在课程建设与运行过程中，切实达到这一目标却是一项系统工程，需要对其作出合理的课时分配，高校公共体育课程项群化建设与落实亦是如此，需要在课程设置方面依托项群特点进行合理的课时分配。

### 一、明确公共体育课程的基本设置与学期安排

由于高校公共体育课程建设的根本初衷在于促进学生身体与心理的全面发展，所以在任何教育背景之下，高校都会将公共体育课程作为学校课程体系的重要组成部分，在课程安排上也会贯穿于大一和大二两个阶段。高校普遍采取这一做法的原因在于在这两个学习阶段，学生所要面临的专业教育压力相对较小，参与体育运动的时间较为充足，这样可以帮助学生系统化学习更多体育知识、掌握体育技能、提高运动技能和身体素质、促进学生心理健康的同时，帮助学生养成良好的运动参与意识和运动习惯。

按照这一思路，在高校公共体育课程项群化建设过程中，广大教师需要深刻意识到在项群设置和具体课程内容设置上，需要做到因校而异。包括每个学期所设置的项群、每个项群所包括的运动项目，每个运动项目的课时划分、每课的教学内容、阶段性考核方式和考核内容等，这样才能保障学生在每学期的公共体育课程学习过程之中都能有所收获，在身体和心理方面都能朝着理想的方向持续发展。

### 二、尊重不同学校或专业公共体育课程学期数的差异

从当前高校公共体育课程的总体安排来看，虽然课程普遍分布在第1至第4学期，可是学校会因自身性质和特色的差异存在不同的课程设置和安排。这种差异就可能导致不同学校在开展公共体育课程时，不能将运动项目知识和技能进行系统化

的传授，学生也很难做到对某个运动项目进行全面而又深入的理解，其运动能力和专业技能的掌握程度也会随之大打折扣。例如，一些高校可能会根据自身的特色，在每个学期增加一种或多种体育课程，这些课程往往会更加注重专业特性的体现，不会涉及具体的运动项目，所以学生在参与这些类型体育课程时往往不会接触到具体的运动项目，进而导致学生了解运动项目的机会大幅减少。

对此，高校在进行公共体育课程项群化建设的过程中，需要结合学校自身的办学特色、专业特点、学生个体的体育兴趣需求情况，在辅导员咨询、任课教师广泛调研、教务人员专项调查的基础上，结合项群特点合理地对公共体育课程的课时进行分配，做到学生既能充分了解并掌握项群内运动项目的相关知识与技术，同时还能与所学专业之间保持紧密联系，使项群课程真正成为保障学生可持续发展的有利条件。

## 三、厘清公共体育课程学期数与学分要求之间的关系

在高校课程体系中，公共体育课程通常体现出内容量大和总时长较长的特点，而导致这一特点产生的根本原因就是高校公共体育新课程改革对课程数量以及学分要求提出了具体要求。也就是说，各高校普遍将公共体育课程作为一项必修课程，学生需要在规定的时间内完成所规定的学时，并且通过课程考核之后才能修得学分，这些学分也是构成学生毕业总学分的重要组成部分，因此对于学生而言，参与公共体育课程是学生顺利毕业的重要前提条件。在通常情况下，高校在每个学期所设置的公共体育课程都会有相应的学分值，可是学生能否顺利获得学分关键在于所设置的运动项目与自身兴趣能否保持高度一致。据此，这就意味着高校在进行公共体育课程项群化建设过程中，要做到根据项群特点和学生学习兴趣进行合理安排，以此来保障学生在每个学期都能掌握一定体育知识和专项技能的同时，还能顺利修得学分。

## 四、重视项群安排对学业规划的影响

从高校公共体育课程项群化建设目标的角度来看，就是要让学生在校学习期间能够保持良好的体育锻炼意识，并且促使其在未来的社会发展中能够坚持这一良好习惯，从而让学生始终能够以饱满的身体状态和精神状态应对学业和职业挑战。对此，在高校公共体育课程项群化建设过程中，广大教师应该充分考虑到项群对学生学业规划所能够产生的实际影响，并以此为基础根据项群特点进行具体的选择和课时分配，这样才能保障公共体育课程内容更好地服务学生未来职业发展。例如，公共体育课程一旦被设置在前几个学期，并且所选择的项群与学生所学专业的关联性不大，那么学生就需要结合专业学习实际需求将自己所要选择的运动项目进行调

整，这样所选择的运动项目通常并不能处于同一项群之中，最终会导致学生理解、接受、掌握项群运动项目的积极性和主动性受到严重影响。对此，这就要求教师在进行高校公共体育课程项群化建设时，要考虑项群安排对学生学业规划的影响，确保学生在每个学期都能学习自身感兴趣且与所学专业联系紧密的项群，让学生在校期间掌握至少两个运动项目这一目标真正转化为现实。

# 第六章

## 高校公共体育课程项群化建设的实践路径

## 第一节　立足"多项目"课程模式对课程项目进行科学分类

### 一、确立新的项群分类体系

（一）以体能为导向的项群划分

由于"项群训练理论"已经被体育领域内广大专家、学者、教师所广泛认知，项群划分的方法已经可以被广泛掌握，并且在体能主导类项群划分方面，其划分方法已经得到广泛认可，可见当前体能主导类项群划分具有较强的科学依据。因此，在高校体育课程项群化建设过程中，笔者认为对于课程项目的科学划分依然要沿用项群训练理论中关于体能主导类项群划分方法，分别划分出速度力量性、速度性、耐力性三个二级分类指标。

（二）以技能为导向的项群划分

就以技能为导向的项群而言，泛指参与者必须通过精彩的技术动作来完成运动过程，给人们展示出运动美，所以在以往的项群划分过程中，广大学者通常将其归为表现难美性项群，主要包含的运动项目涉及水上、水中、陆地、空中、冰上等相关竞技项目，同时也包括一些徒手和持械类运动项目。而表现参与者必须以较为精准的瞄准技术和射击技术完成运动过程的项目，则要被划分为表现精准性项群之中，主要包括射击、射箭、弓弩项目等。[1]可是田麦久教授在进行一系列深入研究之后，汲取了诸多他人建议，将表现准确性项群归入技心能主导类，可是经过广大

---

[1]　田麦久，麻雪田，黄新河，等.项群训练理论［M］.北京：人民体育出版社，1998：11.

学者实践论证之后，普遍得出了一条重要结论：在教学与训练活动中，心理因素所产生的影响固然重要，可是在教学项目和训练项目进行过程之中，已经完全融入训练过程之中，因此学术界一致认为项群分类不需要将心理能力单列出来，依然要沿用体能、技能、战能三个导向的项群分类方法。在这里，有效改善并不断强化参与者的心理素质显然较为重要，而进行的心理素质训练往往只是文化层面的学习，并不能成为导致参与者无法完成体育项目的主要原因。所以笔者认为，在高校公共体育课程项目进行类别划分时，要依然将表现准确性项群归为技能导向类。同样由于概念受到广大专家、学者、体育教师广泛接受，笔者认为在高校公共体育课程项目类别划分时，应将格斗对抗性项群继续留在技能主导类项群之中，并增加一个持拍隔网对抗性项群指标。这样以技能为导向的项群就由表现难美性项群、表现准确性项群、持拍隔网对抗性项群、格斗对抗性项群构成，这样课程以技能为导向的高校公共体育课程项群分类也更加细致。

（三）以战能为导向的项群划分

所谓的"战能"，其内涵就是应战能力，而以战能为导向的运动项目通常也体现出集体性特征。也就是说，该运动项目通常需要以团队的形式来进行，并且团队内部要通过技术和战术的合理使用来完成运动项目全过程。在此期间，同方的参与者既要具备一定的技术水平，同时还要彼此之间能够具有高度的默契，这样才能充分体现出此项群所独有的运动魅力。具体而言，篮球运动作为一项以战能为导向的运动项目，以全队的技术水平和协同配合程度作为顺利完成该项运动的决定性因素，而单一的专项技能和体能并不是影响运动过程的全部因素，虽然在运动参与过程中，专项技术、基本技能、基本体能也是完成该运动项目的重要条件，但该运动作为团体项目，单纯依靠个人的基本条件显然无法让该运动项目顺利进行下去，必须要有良好的战术意识和战术执行能力。例如，一些参与者自身的专项技能水平、体能、身体素质相对较为突出，可是与其他参与者临时组队之后，运动过程会经常出现配合上的失误，进而导致该项运动的参与过程无法按照预期设想来完成，导致这一现象产生的根本原因就是参与者的战术意识和战术执行能力存在明显短板，所以篮球运动被划归到以战能为导向的项群之内。再如，足球运动作为一个集体性运动项目，决定能否达到预期目标的根本因素并不是个人身体素质、专业和技能水平、体能情况，往往是团队内部成员自身的战术配合意识、战术协调意识、战术执行能力。也就是说，在足球运动中，每个团队内部通常都会有一些专项技能水平、身体素质、体能相对较好的成员，同时也会有一些专项技能水平、身体素质、体能相对一般的成员，可是在该项运动进行过程中，彼此之间配合的默契程度相对较高，通常能够形成高质量的进攻阵型和防守阵型，各自的运动参与体验感较为理想。然而，在一些团队中，参与者在专项技能水平、身体素质、体能状况普遍较好，但是在运动参与过程中，攻防两端很难形成有效的进攻阵型和防守阵型，并且进攻过程中频繁出现传球失误，而防守过程中经常出现漏人、救球和解围失误的情况，最终导致参与者的运动体验感并不理想。由此可见，足球项目也应作为以战能为导向的集体对抗项群的重要组成部分。同理，水球、冰球、曲棍球等项目也是需要依靠团队内部的战术配合来完成运动全过程的，所以这些运动项目应该划分至以战能为导向的集体性对抗项群之中。

（四）以复合为导向的项群划分

在高校公共体育课程项群化建设道路中，笔者认为对于运动项目的划分在沿用项群训练理论核心思想的同时，还要结合各高校的实际情况进行深入探索，因为各高校所处的地理位置不同，所以在课程资源方面也会存在一定的差异性，以此为突破口进行运动项目的科学分类，这样更有利于高校公共体育课程建设凸显出自身特色。在学术领域之内，张洪潭教授在很早之前就已经提出了这一观点。[①]可是，在实践过程中要切实做到这一点却并非易事，笔者在进行高校公共体育课程运动项目的项群划分时，发现某些运动项目并不能以某一个项群为导向。例如，有些处于中国东北地区的高校开设冬季运动项目，现代冬季两项则是由长距离滑雪和射击两个项群组成。[②]其中，长距离滑雪项目属于以体能为导向的耐力性项群，而射击项目则属于以技能为导向的表现准确性项群，因此单纯按照项群训练理论的固有观点，显然并不能将现代冬季两项运动进行项群划分。为此，笔者认为只能在以体能、技能、战能为导向的基础上，增加复合导向类项群，其中就包括现代冬季两项运动项目，而且男子十项全能和女子七项全能等也是融合多个项群的运动项目，所以也应该作为复合导向下的多项融合性项群运动项目构成。

另外，跨栏项目按照技术技能角度进行分析，应属于以体能为导向的速度性运动项目，但从技术动作的基本构成来看，体能、速度显然是支持参与者完成该项运动项目的重要前提，可是决定性的因素则是参与者能否在高速跑动状态之下顺利跨越栏架，所以该项运动并不能划归至以体能为导向的速度性项群中，而应属于技能导向下的表现难美性运动。可是这种项群分类方法显然不够客观，应该在以复合为导向的项群中，增加高度融合性项群，将跨栏项目、三级跳远项目、撑竿跳高项目等归至该项群中。

## 二、建立新的项群分类框架

在上文论述中，笔者已经明确高校公共体育课程项群化建设必须将确立新的项

---

①　张洪潭.体育基本理论研究［M］.桂林：广西师范大学出版社，2004：92.

②　赵长杰.奥林匹克进展［M］.北京：北京体育大学出版社，2004：186.

群分类体系作为基础，并明确指出要以竞技能力作为主导，并在项群训练理论的指导下开展相关工作。在这一前提条件之下，广大高校公共体育教师也会在无形中建立起新的项群分类框架，即以体能、技能、战能、复合为导向的运动项目类别。对于下属的二级类别划分标准而言，笔者认为应继续沿用项群训练理论的具体观点，将体能导向类划分为速度力量性亚类、速度性亚类、耐力性亚类，把技能导向类划分为表现准确性亚类、表现难美性亚类、持拍隔网对抗性亚类、格斗对抗性亚类，同时增加以战能为主导的集体对抗性亚类以及以复合为主导的高度融合性亚类和多项组合性亚类，具体项群分类框架如表6-1所示。

表6-1　高校公共体育课程项群分类框架

| 大类 | 亚类 | 项群 |
| --- | --- | --- |
| 体能导向 | 速度力量性运动项目 | 以体能为主导的速度力量性项群 |
| | 速度性运动项目 | 以体能为主导的速度性项群 |
| | 耐力性运动项目 | 以体能为主导的耐力性项群 |
| 技能导向 | 表现准确性运动项目 | 以技能为主导的表现准确性项群 |
| | 表现难美性运动项目 | 以技能为主导的表现难美性项群 |
| | 持拍隔网对抗性运动项目 | 以技能为主导的持拍隔网对抗性项群 |
| | 格斗对抗性运动项目 | 以技能为主导的格斗对抗性项群 |
| 战能导向 | 集体对抗性运动项目 | 以战能为主导的集体对抗性项群 |
| 复合导向 | 高度融合性运动项目 | 以复合为主导的高度融合性项群 |
| | 多项组合性运动项目 | 以复合为主导的多项组合性项群 |

资料来源：笔者整理。

## 三、明确高校公共体育课程运动项目归属

高校公共体育课程教师在对项群进行重新划分之后，随即应该对如何确定各运动项目的归属加以高度明确。笔者认为应该以项目所必需的运动能力，将运动项目划分为四个大类——以体能为主导的运动项目类别、以技能为主导的运动项目类别、以战能为主导的运动项目类别和以复合为主导的运动项目类别，并以此为契机确立起二级类别划分标准。在此期间，体能主导的项目类别划分为速度力量性亚类、速度性亚类、耐力性亚类，将技能主导的运动项目类别划分为表现难美性亚类、表现准确性亚类、隔网对抗性亚类、格斗对抗性亚类，将战能主导型运动项目类别则要由集体对抗性项目构成，将复合主导运动项目类别划分为高度融合性亚类和多项组合性亚类，所有亚类共包括的项群共计10个。

对于体能导向下的速度力量性运动项目而言，应主要涵盖田径运动中的跳远、跳高（含撑竿跳高）、标枪、铁饼、铅球以及举重等对运动员爆发力要求较高的运动项目。对于体能导向下的速度性运动项目而言，应指向于距离较短且速度频率要求较高的竞速运动项目，主要应该涵盖短距离走、短距离跑、速度滑冰、场地自行车等运动项目。对于以体能为导向的耐力性运动项目而言，所包含的范围相对较广，应涵盖长距离和超长距离走、跑、游、骑、滑所有项目。对于以技能为主导的难美性运动项目而言，要求参与者必须在特定的环境下完成高难度动作，从而体现出动作的观赏性，运动项目应涵盖水上与水中、陆上、空中、冰上运动项目，如体操、艺术体操、花样游泳、花样滑冰、跳水等项目。以技能为主导的表现准确性运动项目则要求参与者具备较强的专项技术能力，如动作的精度和准度等，所以主要包含的运动项目为射击、射箭、弓弩等项目。以技能为主导的对抗性运动项目则要根据项目特点，分为持拍隔网对抗性运动项目和徒手格斗对抗性运动项目，就前者而言，参与者会用网将双方隔开，双方只需要借助球拍来完成所有技术动作，如乒羽运动项目和网球运动项目等。就后者而言，最为显著的特点就是利用躯体攻击对方，因此该类型运动项目应包括跆拳道、柔道、散打、摔跤、空手道、拳击等。以战能为主导的集体对抗性运动项目属于多群体配合对抗运动，该类型运动项目多以球类运动为主，其中包括足球、篮球、手球、冰球等运动项目。以复合为导向的运动项目泛指项群之间高度融合以及多项群组合在一起的运动项目，该运动项目不能由单一的体能导向运动项目、技能导向运动项目、战能导向运动项目组成，而是至少由上述两种类型运动项目融合或组合在一起，这类运动项目主要包括短距离跨栏项目、三级跳远、冬季两项、现代五项、男子十项全能、女子七项全能等项目。高校公共体育课程项群化建设过程中，教师依然要遵循上述分类原则，具体运动项目分类情况如表6-2所示。

表6-2　高校公共体育课程运动项目分类

| 大类 | 亚类 | 项目构成 |
|---|---|---|
| 体能导向类 | 速度力量性 | 跳跃项目、投掷项目、举重项目 |
| | 速度性 | 短距离跑项目（100米、200米、400米）、短距离速度滑冰项目（100米和500米）、短距离场地自行车项目（1000米） |
| | 耐力性 | 中长和超长距离跑项目（800米、1500米、5000米、10000米、马拉松）、竞走项目（5千米田径场竞走、10千米公路竞走、20千米和50千米公路竞走、20千米田径场地竞走）、中长和超长距离速度滑冰项目（500米、1000米、1500米、3000米、5000米、10000米）、中长和超长距离场地自行车项目、铁人三项、越野滑雪项目 |

续表

| 大类 | 亚类 | 项目构成 |
|---|---|---|
| 技能导向类 | 表现准确性 | 射击类项目、射箭类项目、冰壶项目 |
| | 表现难美性 | 体操项目、艺术体操项目、技巧项目、蹦床项目、花样游泳项目、跳水项目、自由滑雪项目、花样滑冰项目、滑板滑雪项目 |
| | 持拍隔网对抗性 | 乒乓球项目、羽毛球项目、网球项目、排球项目 |
| | 格斗对抗性 | 摔跤项目、柔道项目、拳击项目、击剑项目 |
| 战能导向类 | 集体对抗性 | 足球项目、手球项目、棒球项目、曲棍球项目、篮球项目、垒球项目、冰球项目 |
| 复合导向类 | 高度融合性 | 110 米栏项目、100 米栏项目、三级跳远、跳高项目（含撑杆跳高项目）、高山滑雪项目、跳台滑雪项目 |
| | 多项融合性 | 现代冬季两项、北欧五项、现代五项、男子十项全能、女子七项全能 |

资料来源：笔者整理。

# 第二节　依托体育运动项目属类特点确定课程建设目标与内容

## 一、根据体育运动项目属类特点明确高校公共体育课程目标

（一）确立运动参与目标

在高校公共体育课程项群化建设的全过程中，明确课程目标无疑能够为课程内容的科学构建指明方向，同时也能为课程运行过程中的教学方法设计提供重要指导。根据高校公共体育新课程标准的具体要求，运动参与是高校公共体育课程的基本目标之一，所以在高校公共体育课程项群化建设过程中，广大教师应做到根据运动项目属类特点，明确课程的运动参与目标。在这里，笔者认为广大教师应在三个方面引起高度重视，即学生主动参与公共体育课程、学生主动参与课外体育活动和学生自主进行体育锻炼。

就学生主动参与公共体育课程这一目标而言，要以学生自主参与项群运动项目为目的，所以教师在进行高校公共体育课程项群化建设时，要关注两个方面：一是要确保体育知识和理论具有专业性与趣味性；二是要做到项群运动项目的选择能够与学生身心发展的特点和一般规律保持高度适应，为学生积极参与公共体育课程项群活动打下坚实基础。就学生主动参与课外体育活动目标而言，要以促进高校学生

积极参与除公共体育课程以外其他团体与活动为目的，因此这也意味着教师在进行公共体育课程项群化建设时，要将有助于激发学生身体锻炼积极性的项群运动项目作为重点关注对象，以此来有效丰富高校学生的体育经历，促进学生体育核心素养的全面发展。就学生自主进行体育锻炼目标而言，要以带动学生养成终身体育意识和习惯为目的，所以这就要求广大教师在进行高校公共体育课程项群化建设时，要选择具有趣味性和健身性的项群运动项目，最大限度地促进学生养成终身体育习惯，为其始终保持身体健康提供有力保障。

（二）确立运动技能目标

在高校公共体育新课程改革标准中，已经明确指出运动技能是当今高校公共体育课程建设与发展的又一基本目标，在当今高校公共体育课程建设与发展中要将全面提高学生运动技能水平作为一项重要任务，确保学生能够掌握至少两项运动技能。对此，在高校公共体育课程项群化建设过程中，广大教师要立足体育运动项目属类特点，明确课程建设必须重视帮助学生掌握基本运动技能、熟练掌握两项以上专项运动技能、全面了解所学运动项目的规则和裁判知识这三个方面。

在帮助学生掌握基本运动技能方面，教师应将强化高校学生跑、跳、投等基本动作技能作为基础目标，其原因在于这些运动技能是学生学习一系列项群运动项目的基础，并且对于学生全面提高身体素质发挥着至关重要的作用。在帮助学生熟练掌握两项以上专项运动技能方面，教师要将促使学生有效掌握至少两项专项体育运动技能作为重要任务，确保学生在参与某两项或以上运动项目时，能够熟练运用其方法和技能，这显然有助于提高学生的身体素质，同时还能够帮助学生对团结协作精神和公平竞争产生更为深刻的认识。在帮助学生全面了解所学运动项目规则和裁判知识方面，教师要将引领学生积极参与体育活动和体育竞赛作为高校公共体育课程建设的一项重要目标，确保学生在公共体育课程的学习过程中能够对基本的运动项目规则和裁判知识有一定了解，使学生能够在运动参与过程中作出正确的判断与决策，并使其自身的竞技水平得到有效提升。

（三）建立身体健康目标

就高校公共体育课程建设的根本初衷而言，全面增强学生体质，促进学生身心健康发展无疑是最基本的初衷，也是核心目标所在。对此，这就要求在高校公共体育课程项群化建设过程中，必须将全面提高高校学生体质健康水平和心理健康水平作为核心任务。对此，高校公共体育课程教师要促使学生在运动参与的过程中能够最大限度地增强身体素质，在速度、力量、耐力、柔韧性、协调性、灵敏度等方面得到不断增强。这样的高校公共体育课程项群化建设显然更有助于学生在日常学习与生活中始终保持活力，确保学生身体健康水平能够得到稳步提升。另外，教师还要注重引导学生掌握有效避免运动损伤和体育伤病的方法，让学生的运动参与始终处于安全状态，为其身体健康发展提供强有力的保障。

（四）明确社会适应目标

从高校公共体育课程的功能性角度来看，人际交往作为较为显著的功能之一，能够促使学生在运动参与过程中与他人保持合作交流，从而有效增强学生社会交往意识和能力。这也要求广大教师在高校公共体育课程项群化建设时，要将促进学生社会交往意识与能力的全面增强作为一项重要目标。在此期间，课程内部要设置团体运动项目，为学生之间的沟通与协作提供充足的机会，促使学生在沟通、交流、协作的氛围之下，共同实现团队利益的最大化，学生的合作精神也会逐渐形成。不可否认，合作精神也是学生适应社会发展大环境和职场环境所必须具备的重要条件之一，高校公共体育课程项群化建设明确该目标无疑可以为学生未来可持续发展夯实基础。

## 二、依托体育运动项目属类特点确定高校公共体育课程内容

（一）依托项群属类特点确定高校公共体育课程内容的原则

1. 要根据知识性与实践性相结合的原则选定项群化课程内容

高校公共体育课程的建设与实施，其根本目的就是要让学生在运动参与过程中，使身体的大肌肉群和内脏器官系统得到锻炼的同时，让学生体验到运动的快乐，学生在此状态之下，自身品格也会得到良好的培养，这也正是其他学科课程所不具备的教育功能。对此，在高校公共体育课程项群化建设过程中，对于课程内容的选择必须做到让学生充分掌握体育知识的同时，还能切实参与到有趣的体育活动实践中去，由此来有效完成高校公共体育新课程改革所提出的知识性目标和身体素质目标。课程内容的知识性主要体现在为什么做、做什么、怎样做三个方面，也就是说，课程内容要涵盖基础理论知识的传授以及让学生在运动项目中强化运动技能和战术素养，让课程内容成为知识性与实践性的结合体。

另外，广大高校公共体育课程教师还要深刻意识到，学生参与公共体育课程的学习，最终目的不只是有效解决"知与不知"和"懂与不懂"的问题，更要解决"掌握与不掌握"和"会用与不会用"的问题，也就是说，学生参与体育课程的学习，最终的目的就是学会课堂所要学习的知识，改进课堂学习的方法、巩固课堂所学习的专项技能、提高自身的运动能力，并让其在实践中能够得到有效运用。所以在高校公共体育课程内容的选择上要注重两种方案：第一种是直线式排列方案，第二种则是螺旋式排列方案。针对前者而言，是指某一运动项目和身体锻炼的内容相同，并且做到不会重复出现。针对后者而言，则是某一运动项目和身体锻炼的内容会在不同水平重复出现，促使学生对于某一运动项目的掌握能力得以持续提升。也就是说，教师在进行高

校公共体育课程内容选择时，可以选择一个或多个运动项目，为学生提供更多运动参与选择余地，满足不同学生运动参与的切实需求。在这里，教师还要意识到如果学生的需求存在多样化特征，那么教师要从其他项群中合理选择运动项目。

2. 要立足健身性与文化性相结合的原则确定项群化课程内容

健身性作为高校公共体育课程与其他课程之间存在的显著区别，最为直观的体现无疑在于课程内容之间存在的不同。也就是说，高校公共体育课程内容本身具有较为明显的健身性本质属性，而其他学科课程内容则并不具备这一基本属性。而从高校公共体育课程建设的目的出发，就是要让学生利用所学到的体育知识以及所掌握和具备的专项技能、运动能力、体育核心素养去改变自己，最终能够更好地适应社会发展大环境，所以高校公共体育课程建设与运行就是一种文化现象。

对此，这也意味着在高校公共体育课程项群化建设过程中，课程的内容选择要始终遵循健身性与文化性相融合的原则，做到所选择的项群不仅可以提高广大学生对体育领域的认识程度，让其正确感受到体育本身所具有的魅力，促使其在学习体育课程内容时可以形成体育情结，最终帮助学生树立正确的价值观念和体育理想，为高校学生终身体育思想的形成打下坚实的基础。学生在学习这些公共体育课程内容时，也会从中感受到不同项群本身所具有的健身价值，并且在项群各体育项目的参与过程中，也会感受到体育文化的深层内涵与真谛。

3. 要在统一性与灵活性相结合的原则下确定项群化课程内容

在项群化思想下的高校公共体育课程建设过程中，课程内容体系的构建必然要面向全体高校学生，而这也正是高校公共体育课程项群化建设的基本要求所在。其间，必须有相对统一的课程内容构建标准，确保课程教学活动始终能够在高校公共体育新课程标准规范的目标下进行，而这也正是高校公共体育课程项群化建设课程内容体系统一性的具体表现。在这里，广大高校公共体育课程教师应该深刻意识到各类课程内容不能单纯为了追求整齐划一而忽略学生个体之间的差异性。

具体而言，教师在进行项群运动项目选择时，应该以非阶梯性和符合学生成长发育的阶段性为基本前提，做到课程内容的排列不单纯以体育项目和身体练习内容的难易程度为依据，将课程内容按照运动项目和身体锻炼的难易程度，简单地进行由易到难、由简到繁、由浅入深的顺序排列，实施应该从高校学生体质健康情况、身体素质、专项技能、运动能力的基础以及学生参与体育运动的切实需求五个方面出发，将课程内容进行合理选择和安排。另外，教师还要高度重视学生个体之间在身心发展水平上普遍存在的差异性特征，以及在学生体育基础、接受与理解能力、体育知识、专项技能的实践运用能力方面所存在的不同。这样教师在选择和安排体育课程内容时就会留出一定的弹性空间，使课程内容体系具有明显的灵活性特征。

学生在选择公共体育课程具体项群内容时，也能够最大限度地选择到适合自己实际情况的课程内容，从而有效助力学生实现身心全面发展。

（二）依托项群属类特点确定高校公共体育课程内容的实践路径

1. 体能导向下的项群教学功能及课程内容开发

（1）以体能为导向的速度性项群特征、教学功能、课程内容开发。以体能为导向的速度性项群所包含的运动项目中，普遍会对参与者的生理机能起到有效调节的作用，包括心血管功能和抗缺氧能力等方面，而在参与者的心理和智能方面，主要表现为可以有效提高学生神经过程的灵活性，让学生的反应速度、思维敏捷速度、行动果断性得到明显提高，这显然有助于学生形成良好的日常生活习惯和学习习惯。针对高校公共体育课程而言，在对以体能为导向的速度性项群课程内容开发时，要按照高校公共体育新课程标准中关于促进高校学生心理健康和身体健康发展的具体要求选定课程内容，其中应以短跑项目、场地自行车项目为基本选择对象，在此基础上结合学校所处地理位置和学生体育参与的实际需要，将相关课程项目进行有效开发，确保该项群运动项目能够最大限度地进入公共体育课程内容体系之中。

（2）以体能为导向的耐力性项群特征、教学功能、课程内容开发。在以体能为导向的耐力性项群中，由于运动项目普遍能够有效改善参与者的能源物资储备情况，提高机体物质代谢能力和心理忍耐能力，所以在高校公共体育课程教学活动中，该项群的教学功能主要表现在可以有效提高学生的心理承受能力和心理忍受能力，对学生顽强的意志品质的培养起到积极促进作用。就高校公共体育课程项群化建设而言，对于该项群的课程内容开发同样应以高校公共体育课程新课程标准的具体规定为基础，将定向越野、中长和超长距离跑、中长或超长距离走、长距离游泳等项目作为教学内容选择的主要对象，还可以结合高校所在地域所特有的资源，将该项群课程内容进行广泛开发，以此确保对学生生理承受能力、心理忍受能力、良好意志品质的培养发挥出积极推动作用。

（3）在高校公共体育课程中开发以体能导向的项群项目具体注意事项。在高校公共体育课程项群化建设过程中，以体能为导向的速度性和耐力性运动项目的选择应该注意两个方面：一是教师要善于对课程运动负荷的科学控制，在速度性项群运动项目选择时不能追求量度的最大化，只要达到有效增强学生的力量素质，并对学生的速度和灵敏性产生明显的积极影响即可。二是教师在选择耐力性项群运动项目时，要最大限度地避免过于追求强度的现象出现，要将有效促进学生心肺功能发展作为最终目的。在此期间，教师应做到针对具体的教学项目进行具体分析，分析学生原有的体育技能以及掌握该体育技能的必要条件、支撑条件，[①] 从而确定能够促

---

① 辛利.体育教学设计中学习任务的分析研究［J］.南京体育学院学报，2008（10）：96–99.

进学生运动能力和专项技能同步发展的课程内容，助力高校公共体育课程向"竞技体育教学"迈进。

2. 技能导向下的项群教学功能及课程内容开发

（1）以技能为导向的表现准确性项群特征、教学功能、课程内容开发。该项群运动项目的开发，有助于学生在参与运动项目时心理方面和智能方面得到有效提升，并且可以帮助学生全面了解该项群所含项目的具体功能，帮助学生提升自身的体育知识水平、专项技能水平、运动能力水平、体育核心素养。在学生心理健康水平和智能水平得到有效提高的同时，教师还要注重指导学生将其应用至实际的学习与生活之中，帮助学生意识到运用体育思维也是解决实际问题的理想选择。可是由于该项群内部只包括射击、射箭、弓弩项目，所以高校教师在选择该项群运动项目作为公共体育课程教学内容时，应该注意结合学校场地条件、器材与设施配备情况、课程内容传递过程中的安全因素等。另外，教师还要善于开发与上述运动项目关联性较强的趣味体育项目，并将其引入该课程内容结构之中，从而帮助高校学生在公共体育课程的学习过程中，达到甚至超出运动参与、心理健康、社会适应预期目标。

（2）以技能为导向的表现难美性项群特征、教学功能、课程内容开发。从难美性项群所包含的运动项目特点出发，要求参与者具有较强的感知觉和灵敏度，并且还要具备较强的自我分析能力、自我调节能力和果敢精神。所以教师将该项群所涵盖的运动项目引入高校公共体育课程内容之中，可以帮助学生在智能上体现出较为丰富的想象力与创造力，使其能够对专项技术动作进行具体分析和判断。由于该项群主要包括体操、艺术体操、健美操、体育舞蹈等技术性和表现性较强的运动项目，对于场地、设施、器材的要求相对较低，并且由于这些运动项目的技术动作普遍优美，学生在学习这些技术动作时内心会得到陶冶，所以这些运动项目也会逐渐走入学生生活之中，对于学生终身体育意识和终身体育习惯的养成有着重要促进作用，所以上述该项群运动项目都应作为高校公共体育课程内容的选择对象。

（3）以技能为导向的同场对抗性项群特征、教学功能、课程内容开发。在该项群中，所包含的运动项目普遍具有竞争性、对抗性、观赏性特点，正因如此，这些运动项目普遍深受各群体的喜爱。高校公共体育课程教师在课程内容的构建过程中，可以结合学校"软件"和"硬件"条件的实际情况，有针对性地进行该项群运动项目的选择。具体而言，高校可结合学校体育场地、设施、设备情况，将篮球、足球、水球、手球、曲棍球，甚至橄榄球和棒球作为课程内容的主要选择对象。这样在课程运行过程之中，可以有效锤炼学生心理控制能力和培养学生团结协作能力。并且这些运动项目对于学生智能方面也会产生重要影响，因为集体对抗项目不仅要考验人的意志力和团队协作能力，更是对人的战术素养有着较高要求，所以将其纳入高校公共体育课程内容体系之中，学生智能也会得到有效提升，确保课程运行的过程能够达到高校公共体育新课程标准对学生社会适应、运动技能、心理健康方面所提出的具体要求。

（4）以技能为导向的格斗对抗性项群特征、教学功能、课程内容开发。在该项群中，主要包括跆拳道、拳击、柔道、散打、摔跤等运动，其特征就是力量与技术的紧密融合，同时身体对抗性特征较为明显。虽然这些运动项目对于学生身体素质的发展能够起到积极推动作用，有助于培养学生的意志力和判断力，但由于该项群所包含的运动项目身体对抗性较强，对于学生身体素质要求相对较高，因此高校公共体育课程内容的选择过程中，对于该项群运动项目而言，教师应结合历年学生身体素质发展的实际情况以及场地和设施的完善程度，对该项群运动项目做出谨慎选择，一些相对较为危险的技术动作要排除在课程内容之外，确保学生始终能够在安全环境下提高自身的社会适应能力、心理健康水平和运动技能水平。

（5）以技能为导向的隔网对抗性项群特征、教学功能、课程内容开发。隔网对抗性项群所包含的运动项目主要为羽毛球、乒乓球、网球、排球（含沙滩排球）等项目，这些运动项目同样具有明显的竞争性、对抗性、观赏性特点，因其身体对抗性不强，所以被社会各群体普遍接受，这也意味着教师在进行高校公共体育课程内容的选择时，可以将这些运动项目作为主要选择对象。因为学生在参与这些运动项目时，自身的体质和专项技术水平会得到显著增强，并且还会下意识地去观察场上复杂多变的情况，对其做出相应的处理。这样学生的合作能力、顺境与逆境心态调节、情绪控制等能力也会得到有效培养，这些显然与高校公共体育新课程标准中关于课程活动的具体要求相统一。

（6）在高校公共体育课程中开发以技能为导向的项群项目具体注意事项。在高校公共体育课程内容的选择过程中，教师对于以技能为导向的项群运动项目选择应坚持传授专项技术动作和促进学生身心健康发展两个重要初衷，也就是说，所选择的项群要具有较高的普适性，同时运动项目本身也具有较强的趣味性，这样才能确保公共体育课程运行全过程能够给学生带来较为理想的体验感。对此，这也意味着教师在选择以技能为导向的项群时，运动项目要适合运动技能的传授，同时还要有助于学生积极参与运动项目实践过程，为学生体质健康、心理健康、社会适应能力的发展打下坚实的基础。

## 第三节　以"三全育人"理念为核心制订课程实施方案

知识更新速度正在不断加快，课程教学工作的开展过程中，教师如果不能及时对自身知识库进行有效更新，那么就会导致向学生传授的知识和技能过于落后，这显然不只是教师日常教学不负责行为的具体表现，更是可以将其称为教学事故，体育课程的实施过程也不例外。再从体育教师的知识构成角度分析，体育专业知识和教学知识作为教师知识体系的两个基本组成，前者主要包括理论知识和运动技能知识，后者则主要包括教学方法和教学手段两类知识，而在教学实践活动中，这些知识显然要得到不断的更新，确保技术动作、理论知识、教学技能得到不断更新，使更多新技能和新知识不断传授给学生。再从技术和训练方法的角度进行分析，在体育领域中，各运动项目的技术动作和训练方法并非一成不变，而是随着体育项目的发展不断发生变化，具体表现就是各运动项目在与外界保持信息交流时，会自发地将相对陈旧的技术动作以及效率较低的训练方法和训练手段抛弃，让更为先进的技术动作和更为科学的训练方法进入运动项目领域之中，并最终形成一个完整的运动项目训练理论。该过程显然不是在无规律和盲目的状态下进行的，而是按照某一规律逐渐形成的一种知识生产模式和训练方式。在这里，项群训练理论能够对该知识生产规律和训练模式发展规律作出正确解释，即在同项群之间和不同项群之间相互学习、相互完善，在不同项群中找到适合本项群运动项目的训练方法和训练手段。通过对该理论的解读，笔者发现可以为高校公共体育课程实施方案的构建提供一种全新的思路，能够促使课程实施过程中，真正实现全员化、全过程、全方位增强学生体育知识、体育技能、运动能力、体育核心素养。在此期间，广大高校公共体育课程教师要将项群训练方法进行科学移植，同时也可以针对不同项群的特征，利用现有的教学和训练手段，找出适合学生需要的教学新方法和新手段，促使高校公共体育课程教学实施过程的方法和手段更加丰富、更加具有可操作性，最终形成一套或多套课程实施方案。

## 一、高校公共体育课程设置要保持高度的人性化

在现代教育发展道路中，对于学生的主体地位而言，重视程度正在不断提升，杜威在"新三中心论"中提出的"以学生为中心""以活动为中心""以经验为中心"的教学理念更是诠释着现代教学观。可是从当今高校公共体育课程运行的实际情况来看，"以教师为中心""以课堂为中心""以教材为中心"的现象较为普遍，这种现象最为显著的特征就是教师教什么，学生接受什么；课堂让做什么，学生做什么；教材有什么，学生学什么，课堂教学活动的方式也较为单一。对此，在最新一轮高校公共体育课程改革中，课程建设必须以促进学生健康成长和全面发展为根本前提，课程设置不仅要考虑学校因素和教师因素，更要全面考虑学生成长和发展道路中的切实需要，由此制订出的课程实施方案才能满足全体学生的发展需要，实现对学生知识与技能、能力与素质的全方位培养。

笔者认为，在课程设置方面既要涉及体能主导类项目，还要涉及技能主导类运

动项目，不同导向下的项群内容要体现出高度的丰富性，这样无疑可以最大限度地满足不同学生运动参与时的切实需要，不断激发学生运动兴趣，使之长时间保持良好的运动行为和运动习惯。长此以往，学生无论是在体育知识的掌握方面，还是在专项技能、运动能力、体育核心素养方面都会得到长足发展。具体而言，以体能为导向的力量性、速度性、耐力性项群以及技能导向下的表现难美性、表现准确性、隔网对抗性、同场对抗性、格斗对抗性项群都可以作为课程结构的基本组成，学生根据自身兴趣和爱好进行课程选择之后，能够主动对项群内所包含的运动项目进行全面而又深入的了解，学生在知识、技术、技能、学习环境熏陶之下，身体素质和体育核心素养也能够实现全面发展，这样的课程实施过程显然也具备了人性化特点。

## 二、高校公共体育课程设置要体现出多样性特征

结合当前国内高校公共体育课程建设与改革的整体成效，可以得出两个重要结论：一是课程体系内部结构较为单薄；二是可供学生进行课程选择的空间相对较小。具体而言，当前高校公共体育课程内部结构普遍以体能导向下的运动项目为主，也就是说，以短距离和长距离跑（走）、投掷类、跳跃类为主体的田径项目，以及场地自行车、速度滑冰、划艇等项目通常是高校公共体育课程设置的主要选择对象。就这些运动项目进行分析，虽然项目的数量并不少，但是从技能和身体素质要求来看，只能划分为速度力量性、速度性、耐力性项群，广大高校之所以将这些运动项目作为体育课程设置的主要选择，其根本原因就是这些运动项目的开展并不需要较为复杂的硬件条件，同时也不会对公共体育课程教师提出更高的业务水平要求。所以在进行最新一轮高校公共体育课程改革的过程中，应以项群训练理论的核心思想为重要依托，以完善项群类型为重要抓手，对高校公共体育课程进行多样化设置，从而为广大高校学生提供更大的项群选择空间，支撑其对同一类型运动项目的全面而又深入的了解与学习。

笔者认为高校教师在围绕项群训练理论进行公共体育课程设置时，既要考虑到体能导向下项群本身所具有的基础性特征，更要考虑到技能主导下项群所具有的艺术性和竞技性特征，分别设置体能主导类项群和技能主导类项群，让花样游泳、艺术体操、射击、弓弩、散打、击剑、自由搏击、防身术等运动项目成为高校公共体育课程体系的重要组成部分。这样既能为学生公共体育课程的选择提供尽可能大的空间，更会激励学生在校学习期间掌握更多的运动技能，为其终身体育意识和终身体育习惯的养成打下坚实基础，而这也是高校公共体育课程运行过程有效贯彻落实"三全育人"理念的必要前提条件。

### 三、同项群的运动技术迁移

前文已经明确高校公共体育课程"项群化"建设过程中，教师应该具备哪些能力，以及具体的注意事项包括哪些，在这里不再赘述。单纯从课程运行的过程角度出发，教师在进行公共体育课程项群化建设时，需要做到对体育领域所包含的运动项目作出系统分析，能够了解多个项群的技术要领，由此才能确保各项群教学活动的顺利开展。在这里，教师从众多运动项目中找到技术动作的共同规律无疑至关重要，项群训练理论中所阐述的观点恰恰能够帮助广大教师有效应对这一棘手难题，从而帮助广大教师和学生提高公共体育课程"教"与"学"的效果。

在此期间，教师应根据运动项目中的技术特征，将运动项目进行具体的类别划分。具体而言，教师要结合高校公共体育课程现有的运动项目，按照体能和技能两个层面，将运动项目进行类型的划分，其中，以体能为主导的项群应该涵盖速度力量性项群、速度性项群、耐力性项群，以技能为主导的项群应包括表现难美性项群、表现准确性项群、同场对抗性项群、隔网对抗性项群、格斗对抗性项群。对于速度力量性项群而言，应将跳跃类项目、投掷类项目、举重类项目归至该项群中；对于速度性项群而言，应将短距离跑、游泳、速度滑冰、场地自行车项目归至该项群中；对于耐力性项群而言，应将中长距离和长距离走、跑、游、划项目归至该项群中；对于表现难美性项群而言，应将跳水、体操、花样滑冰、花样游泳、武术套路等技术难度较大，并且观赏性极强的项目归至该项群中；对于表现准确性项群而言，应将射击、射箭、击剑、弓弩项目归至该项群中；对于同场对抗性项群而言，应将篮球、足球、水球、冰球、曲棍球等身体对抗性较强的项目归至该项群中；对于隔网对抗性项群而言，应将乒乓球、羽毛球、排球、网球、藤球等项目归至该项群中；对于格斗对抗性项群而言，应将摔跤、跆拳道、自由搏击、柔道、拳击等分级别一对一对抗性项目归至该项群中。

在此基础上，教师要对各项群内各运动项目所包含的技术动作，以及所表现出的具体特点进行深入分析，并且还要将各技术动作的教学和训练方法进行全面总结，确保各技术动作的教学方法和训练方法能够相互移植，达到有效缩短学生了解、接受、掌握、运用各项运动技术动作要领时间的目的。例如，从事田径项目教学工作的教师在掌握投掷项目技术动作基本要领的同时，还要具备将技术动作进行有效分解，并能够准确判断技术动作细节与其他哪个项群技术动作联系较为紧密，这样为不同项群之间技术动作教学方法和技术动作训练方法的迁移打下坚实基础。具体而言，在投掷项目中，技术动作本身强调蹬腿发力动作与转髋动作的相互协调，并且还要确保动作本身的连贯性，教师明确这一技术要求之后，则可以在同项群中寻找与之有技术共通性的运动项目，并且将其技术动作教学方法和训练方法移植过来，从而让学生通过一个运动项目能够快速掌握其他运动项目相关技术动作，这样课程教学活动中的技术动作学习难度则会有效降低，课程教学的整体效率也由此得到有效提升。

## 四、不同项群训练方法的互补

在体育领域中，由于不同项群中所包含的运动项目在技能特征上存在明显不同，所以不同运动项目无论是在教学活动，还是在日常训练过程中，通常在手段与方法上存在明显差异，不同项群的教学与训练方法很难做到交叉使用。可是，这一结论并非在每个项群中都适用，一些项群之间完全可以将教学和训练方法进行交叉使用。例如，在游泳项目日常教学和训练工作中，由于各项技术动作都需要以上肢爆发力和耐力作为基础，属于体能主导类运动项目，体操项目则归属于技能主导类中的表现准确性项群，这两个项群之间表面上看存在明显差异，在教学和训练方法上也会有着明显不同，可是经过仔细探究和分析则可以总结出一个重要结论：两个运动项目都是以上肢力量作为基础，所以在体操日常教学和训练过程中，教师可以安排一定负荷的游泳活动，游泳项目在日常训练过程中，也可以安排技术难度相对较低的体操运动环节，其目的就是要提高运动参与对象的上肢力量，从而也会使这两个运动项目日常教学和训练的方法更加具有创新性。

从高校公共体育课程教学的角度来看，当前高校公共体育课程所涵盖的运动项目主要集中在球类运动、田径运动、体操和民族传统体育项目上，这些内容显然很难支撑每个项群较高的完整度。对此，在高校公共体育课程项群化建设过程中，教师应针对项群技能特点将外部课程资源进行有效补充的同时，还要科学合理地将其他项群的运动项目补充到运动项目较少的项群之中，这样不仅可以有效丰富各项群的内容，同时还能让不同项群之间的教学方法和训练手段保持互补。具体而言，教师要根据项群训练理论，对高校公共体育课程现有的运动项目进行深入分析，高度明确各运动项目技能的影响要素的基础上，将各运动项目按项群性质进行合理划分。在此之后，教师要结合当今体育运动发展的新形式，将能够促进学生身心健康发展的新运动项目资源引入高校公共体育课程（如自卫防身项目等），并根据运动项目的技能特点进行合理的项群划分，这样不仅可以丰富每个项群的内容，同时也为不同项群教学和训练方法的相互交叉提供更多可能性，为高校学生在公共体育课程中更好地实现全面发展目标打下坚实基础。

# 第四节 以"质量"为中心建立项群化课程评价体系

## 一、构建高校公共体育课程项群化建设质量评价体系的基本思路

（一）以校本课程理论作为重要指导

关于课程理论方面的研究，美国著名高校课程理论学家 Goodlad 所提出的课程层次观（校本课程理论）无疑有着一定代表性。具体而言，Goodlad 本人将课程划分为观念层次的课程、社会层次的课程、学校层次的课程、教学层次的课程、体验层次的课程，而这五个层次的课程显然与当今中国高校体育课程之间形成了相互对应，具体表现为两个方面：一是伴随全社会对体育课程的认知程度不断加深，"健康第一"的理念已经在中国高校公共体育课程教材中得到充分体现，而这恰恰是高校公共体育课程观念层次和社会层次的具体展现，不同类型的高校根据高校公共体育课程标准所开设的具体课程，以及根据课程教学标准所选择的教学内容，显然可以视为学校层次的课程范畴。二是体育教师在课程教学活动中所采用的教学方法，让学生体验到的体育课程就被视为教学层次的课程和体验层次的课程。由此可见，校本课程理论思想对高校体育课程建设能够起到重要的理论支撑作用，本节的研究自然也不例外。所以在对高校公共体育课程项群化建设进行质量评价时，笔者认为依然要将该理论作为重要指导。

（二）要以课程建设与实施的效果为质量评价的重点

高校公共体育课程项群化建设质量评价主要包括课程设计和课程效果两个方面的评价，对当前高校人才培养目标进行分析后，明确得出这样一条重要结论：培养知识、能力、素质协调发展，思想政治素质、科技人文素质和身体心理素质全面发展，且能充分适应国家和区域经济社会发展需要的高质量人才。而由于实现该目标无疑是一项系统性工程，需要广大教师不断对人才培养模式和课程体系进行及时调整，所以在对高校公共体育课程项群化建设质量进行评价时，其侧重点应放在学生所反映出的课程效果评价之上，由此方可确保公共体育课程项群化建设对人才培养的作用得到充分的发挥。

## 二、高校公共体育课程项群化建设质量评价体系构建的具体方法与思路

（一）质量评价体系构建的具体方法

在本书中，对于高校体育课程项群化建设质量评价体系的构建，采用德尔菲法，将其质量标准体系进行构建，并予以有效修正。对高校体育学科的基本特点以及质量评价的具体思路进行全面综合，并采用三级结构，对课程质量评价的主要内

容予以初步制定，即课程的实施、课程的条件和课程的效果，之后则运用二级指标对以上质量评价的内容进行测评，最后利用三级评价指标对课程项群化建设质量的各项评价要素进行具体评价。对此，笔者认为在构建高校公共体育课程项群化建设质量评价体系时，应先将各级评价指标按照"不重要""一般""较重要""重要"的等级进行划分，并且要对其赋予具体的数值。此后则要聘请该领域专家按照质量评价指标的重要程度，为各评价指标打分。在具体实践操作过程中，教师要结合专家对指标评价的平均分值，准确计算出专家对于高校公共体育课程项群化建设质量评价指标的集中程度，具体公式如下：

$$M_j = \frac{1}{m} \sum_{i=1}^{m} C_{ij} \qquad (6\text{-}1)$$

其中，$M_j$ 表示的是专家针对某一质量评价指标计算的平均值，$C_{ij}$ 表示的是标号 I 专家对于第 $j$ 个课程项群化建设方案评价指标构成，$m$ 表示的是参与某一课程质量评价的专家组总人数。最终，教师通过对 $M_j$ 进行计算，可以准确得出专家对于高校公共体育课程项群化建设质量评价体系中某一项质量评价指标具体分值，而这显然有助于学校和公共体育课程教师对课程项群化建设方案和教学措施进行科学调整，确保高校公共体育课程项群化建设的整体质量和教学效果的全面提升。此外，教师还要深刻意识到专家意见的协调系数可以视为高校公共体育课程项群化建设质量评价的重要标准，其具体计算公式如下：

$$W = \frac{12s}{m^2(n^3-n)} \qquad (6\text{-}2)$$

其中，$m$ 表示的是参与此次课程质量评价专家的总数量，$n$ 表示的是该课程质量指标评价的方案数量，$s$ 表示的是方案评级效果等级排名的离均差平方和。广大高校公共体育课程教师应意识到协调系数越高，则意味着高校公共体育课程项群化建设的质量越高，能够确保课程教学效果达到当今高校公共体育课程改革所提出的具体要求。教师还要针对专家所提供的指标评价协调系数予以系统分析，这样不仅可以最大限度地避免利用质量评价指标均值进行计算时出现计算误差，更能有效地提升高校公共体育课程项群化建设质量评价的整体效果。

（二）质量评价的具体方案

根据以上高校公共体育课程项群化质量评价方法进行计算之后，广大高校公共体育课程教师会得出一份较为系统的高校公共体育课程项群化质量评价列表，之后教师则要对课程项群化建设质量评价要素进行四个等级的划分，即 A 等级（91~100 分）、B 等级（76~90 分）、C 等级（60~75 分）、D 等级（60 分以下），最后则利用综合权重分析的方法，将高校公共体育课程项群化建设的整体质量作出客观评价。在该过程中，广大教师先要与专家和学生构建质量评价小组，将含有具体评分要素和要素分数的质量评价指标进行准确计算，之后则要根据权重，将实际的高校公共体育课程项群化建设的整体效果进行质量评分。最后则是将质量评分结果按照优秀、良好、及格、不及格四个标准进行等级划分，以此确保教师在高校公共体育课程项群化建设方案的实施上能够明确具体方向。

## 三、构建评价指标体系

### （一）高校公共体育课程项群化建设质量评价指标体系构建的原则

#### 1. 科学性原则

在高校项群化公共体育课程质量评价的过程中，由于各项指标都会对评价结果和课程改进工作产生重要影响，所以教师无论是在评价指标的初拟阶段，还是在甄选构建过程之中，始终要坚持科学性原则。在此期间，笔者认为教师应该选用常用的德尔菲法进行课程质量评价指标体系的构建。在此期间，教师要确保每一次指标的筛选过程，以及专家反馈过程都能达到严谨真实，直至每一位专家都能对所构建的质量评价指标体系保持高度认同为止。在指标的最终确定，以及每项指标权重的赋值过程中，都要做到科学有法和有理有据，确保每个质量评价指标都能从相应的层面和角度充分涵盖公共体育课程项群化建设的整体水平。之后则通过附加问卷调查法，让教师的公共体育课程项群化建设能力得到客观呈现，由此来客观反映出高校公共体育课程项群化建设的整体水平。

#### 2. 全面且系统性原则

在高校公共体育课程项群化建设质量评价指标体系的构建过程中，评价指标的选取则要从教师对运动项目类别划分、教学内容的选择、教学活动的实施、教学评价能力四个方面来进行，因为这四个方面可以覆盖高校公共体育课程项群化建设的各个层面，能够体现出课程质量评价的全面性。而且，由于每个质量评价指标之间所存在的联系都要保持相互制衡，所以这样也就构成了质量评价指标系统（体系）。例如，发展教务人员自身项群化课程建设能力为高校公共体育课程项群化建设提供智力和资源上的支持，而项群课程设计能力则为各项教学活动打下坚实的基础，课程教学评价能力则是为教师上述两个能力的发展提供重要保障，故而在质量评价指标体系的构建中，应分别包含多个一级指标、二级指标、三级指标，并且确保上层指标能够覆盖下层指标。

#### 3. 创新与针对性原则

从构建高校公共体育课程项群化建设质量评价指标体系的初衷来看，就是要为高校公共体育课程建设的科学性、合理性、创新性提供重要的保障条件，因此在构建该质量评价指标体系的过程中，给广大高校体育教师提出诸多新要求和较为严峻的新挑战，而这些新要求和新挑战对于广大高校体育教师而言，无疑也是一种前所未有的能力挑战。这也意味着教师要对固有的高校公共体育课程质量评价指标进行具有创新性的改造，使其能够达到当今时代对高校公共体育课程建设与发展所提出的新要求。就当前而言，学术界关于该领域的研究成果相对较少，而笔者认为在高校公共体育课程项群化建设过程中，需要包括学校、学院、教师三个层面，由此在构建该课程质量评价指标体系过程中，需要分别进行有针对性的指标选取，特别是在学校和教师层面，要体现出高校公共体育课程项群化建设的根本目标，由此来保障该质量评价指标体系的内容不仅具有创新性，同时还能充分表达出高度的针对性。

　　4. 可操作性原则

　　从构建高校公共体育课程项群化建设质量评价指标体系的最终目的出发，就是要让广大高校公共体育课程教师能够找到明确的抓手，不断提升课程教学质量，高质量完成当今时代赋予高校公共体育课程的新使命。所以笔者在该质量评价指标体系构建时，先对该领域进行了大量的理论研究和探索，之后则是针对高校公共体育课程项群化建设的现实情况进行全面调查，最终筛选出广大教师在进行该课程项群化建设时所应具备的能力，最终确立起一套完整的质量评价指标体系。而且还深刻意识到应该将该质量评价指标体系运用于实践活动之中，以此来检验其合理性和可操作性，从根本上突破高校公共体育课程项群化建设的难点，力保课程项群化建设能够充分发挥出实际应用价值。

　　5. 定性与定量相结合原则

　　针对高校公共体育课程项群化建设质量评价指标体系构建的全过程而言，笔者认为各项质量评价指标的选取都要严格遵循性质研究和量化研究的具体方法，做到将这两种方法进行有效结合。其间，针对质的研究过程，需要每一位高校体育教师在无任何干扰的情况下来进行，教师要与该领域的专家保持正面而又直接的交流，就高校公共体育课程项群化建设质量指标进行面对面直接沟通，此操作的最终目的就是要深度了解专家关于高校公共体育课程项群化建设各项指标的个人经验、看法、心得体会。而在具体的研究过程中，应该采用总结归纳法，在获得原始访谈资料的基础上，对其进行类别分析，确立质量评价指标分类和筛选的最终维度。同时，广大高校体育教师还要注重研究关系的保持，做到对专家所提供的相关信息始终保持严格保密和公正对待的态度，让具有敏感性的信息能够得到客观而又有效的处理。另外，教师在进行质量评价指标的赋值权重研究时，必须对标科学化要求，实现所采集的信息都能具备可量化特性，以此来确保各项质量评价指标的权重更加直观且准确。

　　（二）高校公共体育课程项群化建设质量评价指标体系构建的依据

　　1. 高校公共体育课程建设可融入的项群训练理论元素作为质量评价指标体系构建的基础

　　立足当今时代发展大背景与社会发展大环境，不难发现目前中国经济与社会发展的进程正在日益加快，国家和社会对高质量人才的需求也愈加强烈。在这里，所谓的"高质量"人才，其实质就是德智体美劳全面发展的高素质、高水平人才。面对这样的时代与社会发展局势，国家要求各高校不仅要全面提高各学科专业教育水平，同时还要全面深化高校公共体育课程改革，强调高校公共体育课程改革创新、不断补齐短板、凝心聚力、协同育人，并在《关于全面加强和改进新时代学校体育工作的意见》中，对高校公共体育课程建设提出了明确要求。具体而言，各高校要结合自身优势条件，打造出独具特色的公共体育课程，帮助学生在体育锻炼中享受到乐趣的同时，达到真正掌握运动技能、增强学生体质、健全人格、锤炼意志的目的，而这无疑为高校公共体育课程项群化建设开辟了思路。因为公共体育课程项群化建设可以充分发挥出体育教学的先天优势，让学生在掌握各项运动技能时不断突破自我、化解心理上的恐惧、克服生理上的压力，让刻苦勤勉、勇往直前、百折不挠的体育精神始终伴随学生的成长和发展，通过高校公共体育必修课程和选修项目的技能来看，可以充分证明该观点，具体如图 6-1 所示。

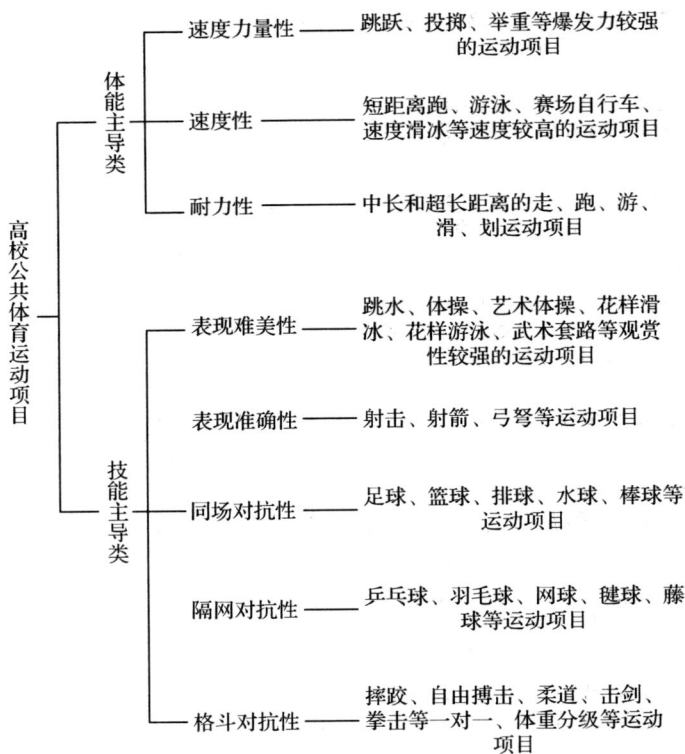

**图 6-1　高校公共体育课程运动项目分类**

资料来源：笔者整理。

　　通过图 6-1 可以看出，在当前高校公共体育课程现有的体能主导类运动项目中，主要包括速度性、耐力性、速度力量性运动项目，能够将其进行项群划分。从结构组成的角度来看，速度性运动项目主要包括短距离跑、自行车、短距离游泳等运动项目，这些运动项目普遍可以培养学生超越自我和勇攀高峰的精神，并且在相关赛事活动中，可以让学生养成团结协作的意识和大局观念。耐力性运动项目通常由长距离和超长距离的走、骑、跑、游泳等运动项目组成，这些运动项目对于高校学生而言无疑能够培养其坚韧不拔的毅力和拼搏精神，更能让学生对时间和体能方面作出合理的规划，长此以往学生的动脑意识也会得到逐步加强。速度力量性运动项目以跳跃、投掷、举重等运动项目为主体，高校学生参与这些运动项目的学习，必然会让其努力坚持、顽强拼搏、赶超他人的体育精神得到全面培养。因此，在高校公共体育课程项群化建设中，教师不仅要具备对这些运动项目进行合理分类的能力，还要具备将项群化思想融入课程建设和有针对性开发各项群课程资源的能力。

　　而在技能主导类运动项目之中，主要以表现难美性、表现准确性、同场对抗性、隔网对抗性、格斗对抗性运动项目为构成要素，每个项目构成也都可以将其划分为一个项群。其中，表现难美性运动项目主要涵盖跳水、体操、艺术体操、武术等运动项目，高校学生在学习这些运动项目之后，必然能够掌握这些难度相对较高的运动技能，并且在个人性格、精神面貌、身体仪态、审美意识、团队意识等方面得到较为理想的发展。表现准确性运动项目通常涵盖射箭、射击、弓弩等精准度要求较高的运动项目，高校学生在接触并熟练驾驭这些运动项目时，不仅可以逐渐形成顽强拼搏和赶超他人的体育精神，更能形成失之毫厘、谬以千里的工匠精神，不急不躁、不急功近利的精神风貌在学生身上也会逐渐体现出来。同场对抗性运动项目，主要由曲棍球、足球、水球、篮球、冰球等项目构成，这些运动项目的特点较为明显，即对抗性和团队性较强。高校学生在学习这些运动项目时会逐渐意识到团队协作的重要性，并且还会感受到战术布置决定自身的成败，在这样的学习状态之下，学生也会逐渐形成精诚协作、团结一致、相互配合的战术意识，同时也会树立找准自身位置、不可卑微被动、不可激进张扬的个人意识，大局意识和全局意识也会最终形成。隔网对抗性运动项目主要包括网球、羽毛球、乒乓球、排球、毽球、藤球、软式排球等，也是除表现难美性运动项目外，包含运动项目较多的项群。在该项群的运动项目中，既具有明显的团队性特征，同时技术性特征也较为突出，所以高校学生在学习这些运动项目时，不仅有大量的专业知识和专业技术需要了解和掌握，同时还要对团队意识、大局意识、战术意识、奉献精神、观察能力进行全面培养，这些专项知识与技能、能力与素养无疑能够为学生的全面发展提供重要支撑条件。格斗对抗性运动项目主要包括拳击、跆拳道、摔跤、柔道等一对一体重分级项目，在开展这些运动项目的教学活动时，既可以让学生掌握基本的格斗技巧和培养学生的体育精神，同时还可以通过运动项目规则，让学生能够了解到应该具备的道德品质，让学生身心得到健康发展。

通过以上运动项目分类情况，不难发现各类体育项目对学生知识与技能以及能力与素养都提出了明确要求。具体而言，在平时的课堂教学活动之中，对于教师而言，不仅要具备向学生传递专业知识和向学生展示标准技术动作的能力，同时还要具备帮助学生形成良好的精诚团结、顽强拼搏、超越自我、勇攀高峰的体育精神，以及促进学生沟通交流、学习与环境适应、终身体育意识养成的能力。对于学生而言，不仅要具备系统化掌握相关知识与技能的能力，同时还要具备强烈的求知与探索精神。对此，教师是否具备以上能力和素质，以及学生能否从课程中掌握更多专业运动知识、技能并对相关领域产生兴趣就成为高校公共体育课程项群化建设质量评价指标体系构建的关键所在。可是，就当前而言，高校公共体育课程项群化建设通常是以"项目化"建设为主，这与项群理论所阐述的观点无疑存在明显区别。高校公共体育课程"项目化"构建通常是按照课程建设的整体目标，将作用相同的运动项目进行归类，从而使学生在学习这些项目时能够达到明确的学习目标。该课程建设的特点主要体现在两个方面：一是学生可以在一段时间内对运动项目形成广泛的了解；二是这种课程建设思路并不支持学生系统化了解某一类运动技能（学生不能实现对运动技能的深度掌握）。而基于项群训练理论的高校公共体育课程建设思想中，是按照竞技体育技能特点对运动项目进行划分，并结合高校公共体育课程改革所提出的新要求，将各项群内容进行不断丰富，确保学生在课程学习过程中，专业知识、专业技能、体育精神、道德素养得到全面发展。该课程构建思路所体现出的特征也包括两个方面：一是学生可以根据自身的兴趣爱好，选择适合自己的运动项目，并从中系统掌握相关专业知识和运动技能；二是随着学生知识与技能的不断加深，可以深刻感悟到每一类运动项目所诠释的体育精神和职业道德，促使其在体育知识、技能、能力、素养等方面得到全面发展。另外，由于不同项群所包含的体育运动项目存在技能性差异，所以在教学情境和教学方法方面通常也需要广大教师进行精心设计，而这也意味着教学情境设计和教学方法设计能否融入项群化思想，将成为高校公共体育课程项群化建设质量评价体系的重要指标。

综合以上论述观点，可以看出在高校公共体育课程项群化建设质量评价指标体系的构建过程中，要向学生渗透的专业知识、专项技能、运动能力、体育素养较为丰富，教师既需要对项群训练理论进行深入的研究与探索，系统化掌握理论观点，还要做到能够根据技能特点将其进行科学合理的分类，更要结合项群内部构成的实际情况，以及高校公共体育课程改革所提出的具体要求，不断对项群内部资源、课程内容、课程教学方法予以不断丰富，由此才能确保高校公共体育课程标准项群化建设的作用和价值得到充分发挥，而这无疑能够为高校公共体育课程项群化建设质量评价指标体系的构建打下坚实基础。

2. 高校公共体育课程项群化建设的特征可作为该评价指标体系构建的导向

在评价高校公共体育课程项群化建设质量时，切实做到评价指标体系的内部构成较为完善，并且具有明确的指向性并非易事，因为广大教师不仅需要明确高校公共体育课程项群化建设的根本目的（上文已经做出具体论述，此处笔者不再进行赘述），更要明确该构建过程所呈现出的具体特征，这样才能保障评价指标体系所反映出的高校公共体育课程项群化建设成果能否达到预期，质量评价的结果才能成为建设方案优化与调整的重要依据。具体而言，高校公共体育课程项群化建设具备四个显著特征：项群分类的集束性、顶层设计的整合性、教学设计的目标性、主题适配的价值引导性。这四个特征显然承载着高校公共体育课程项群化建设的作用与价值，故而应作为该评价指标体系构建的重要导向，以下笔者就以此为立足点做详细论述。

就"项群分类的集束性"而言，就是运动技能特点相同的项目聚集成为一个整体，并以课程结构的形式存在于高校公共体育课程之中，让学生在学习项群内部运动项目时，能够充分掌握与该运动技能相关的体育项目，从而对学生体育知识与技能、运动能力、开拓能力、组织管理能力、沟通交流能力、协同合作意识、终身体育意识、体育精神进行有效培养。就这一特征而言，笔者认为教师在进行高校公共体育课程项群化建设之时，不仅要对高校公共体育课程所涵盖的运动项目进行全面而又深入的了解，更要能够准确把握各运动项目的技能特征，从而确保运动项目分类更加准确。

针对"顶层设计的整合性"而言，就是根据现有高校公共体育课程运动项目的项群分类结果，对每个项群内部的运动项目的实用性以及作用价值进行具体分析，将实用性相对较低以及作用与价值相重叠的运动项目进行删除，最后再根据项群技能特征有效补充项群内部资源，确保学生在项群学习过程中，不仅能够熟练掌握体育知识和运动技能，还能对运动项目中所存在的隐性教育内容进行深入挖掘，促使学生体育精神和道德素质得到全面发展，为学生终身体育意识和习惯的形成打下坚实基础，充分发挥出高校公共体育课程项群化建设的实际意义。

对于"教学设计的目标性"而言，就是教学目标的设计、教材分析、新课程标准分析、学情分析都要从学生的角度进行深入分析，在此基础上围绕学生的特点和项群的运动技能特征，有针对性地制定出教学策略和教学评价，以此来充分发挥高校公共体育课程项群化建设的优势。教学目标的设计要以激发学生运动参与兴趣为前提，分别从知识与技能、过程与方法、情感态度与价值、体育核心素养四个维度实现学生的全面发展。教材的分析要针对项群化教材内容，明确课程内容体系的合理性和学生可接受程度，为有效制定教学策略提供重要支撑。新课程标准分析主要在于明确高校公共体育新课程标准所提出的具体要求，从课程项群化建设的最终目的入手，判断课程教学活动怎样能够发挥课程项群化建设的优势，从而使学生知识、技能、能力、素养得到全面发展，并最终形成良好的终身体育意识和习惯。学情分析主要是指对学生学习的一般特点、知识基础、技能与能力水平、素养的养成情况多个方面进行分析，从中了解学生在学习具体运动项目时的普遍需求，这样不仅可以帮助教师制定出较为理想的教学方案和策略，更有利于实现高校公共体育课程项群化建设价值的最大化。教学策略设计则是立足高校公共体育课程项群化建设的初衷、新课程改革要求、学生学习情况，对每个项群教学过程进行精心布置，确保一切教学活动都要为学生提供真实的体验感，让学生不仅可以感受到参与体育运动项目的快乐，更能从中学到更多的体育知识、系统掌握运动技能、全面提高各项能力、养成终身体育习惯、各项体育核心素养能够得到全面发展，这也正是高校公共体育课程项群化建设的最终追求。教学评价设计主要是对教学过程和教学结果的客观反映，能够证明项群教学内容是否合理，所采用的教学方法是否适合学生，而这也能够变相反映出高校公共体育课程项群建设的整体质量。

就"主题适配的价值引导性"而言，主要是指教学主题对学生价值观念的正确引导。在高校公共体育课程项群化建设过程中，每一次课程教学活动都会有明确的教学主题，每个教学主题都蕴含着明确的学习目标和学习内容，学生通过学习过程对所学习的内容能够形成正确的学习感悟则意味着教学主题与课程建设目标之间具有一定适配性，反之则不然。

结合上述高校公共体育课程项群化建设的特征，可以看出对教师建设项群化高校公共体育课程提出了明确的要求，以此为基础进行质量评价，必然能够客观呈现出高校公共体育课程项群化建设的整体水平，所以在构建高校公共体育课程项群化建设质量评价指标体系过程中，应将上述四个方面作为重要导向。

3. 专家访谈过程与结果可作为该评价指标体系构建的重要参考与要求

在高校公共体育课程项群化建设质量评价指标体系构建的全过程中，各质量评价指标必须具备客观性、准确性、发展性特征，而要想在具体实践过程中真正地将其转化为现实显然要有权威的专家为之提供支撑条件。对此，这就需要广大教师在从事该质量评价指标体系构建工作时，需要与相关领域专家以访谈的方式进行深入沟通，将访谈大纲作为主线，围绕高校公共体育课程项群化建设开展访谈活动，借鉴各位专家关于高校公共体育课程项群化建设质量评价指标的各种想法，这样方可确保该评价指标体系构建更加具有权威性、客观性、说服力。具体而言，与该领域专家进行深入访谈，广大教师不仅可以从中了解到专家对于该质量评价指标的具体看法，还能从中了解各位专家从未来发展的角度，对该质量评价指标体系的整体构建路径，以及对未来发展方向的一些具体看法，这显然能够为高校公共体育课程项群化建设质量评价指标体系的发展性提供重要支撑条件。在这里，笔者认为，广大教师可以通过线上发放专家问卷和线下访问两种形式开展专家访谈活动，确保专家访谈范围的广泛性和访谈观点解读的精准化。

4. 权威文献的查询、收集、阅读为高校公共体育课程项群化建设质量评价指标的初拟和筛选提供重要参考

就当前学术界关于公共体育课程项群化建设的研究成果而言，主要体现在三个方面：高校公共体育课程项群化的特点、对高校学生运动参与所能够产生的积极影响以及课程项群建设教师应具备的能力与素质，这些具体的研究观点显然可以为该质量评价指标的初拟和筛选提供重要参考。其中，关于高校公共体育课程项群化特点的研究成果中，观点主要集中在知识连贯性和系统性的具体表现、由浅入深的学习过程、课程教学的个性化等，这些显然都是高校公共体育课程项群化建设的优势所在。关于高校公共体育课程项群化建设对高校学生运动参与所产生积极影响的研究成果中，观点主要集中在学生运动项目了解的广度与体育技能掌握的深度、体育兴趣的培养、终身体育意识和习惯的形成等，这些也是高校公共体育课程项群化建设有效满足新课程改革要求的具体表现。关于课程项群建设教师应具备的能力与素养的研究成果中，观点主要集中在教师运动项目类型划分、课程设置与课程内容的有效选择、体育资源的整合与深度开发、教学方法与教育技术的创新、教学评价的科学性与合理性等，这些研究成果无疑能够为高校公共体育课程项群化建设的顺利实施指明方向。

针对当前高校公共体育课程项群化建设的实施情况，学术界广大专家和学者普遍以高校公共体育课程的现实性意义为出发点，对实践路径进行研究，并且研究成果相对较少，对于高校公共体育课程项群化建设质量评价方面的研究更是少之又少，关于如何进行评价指标体系的构建，以及评价指标体系应该涵盖哪些方面和内容并没有明确的研究成果。为此，笔者认为在构建高校公共体育课程项群化建设质量评价指标体系的过程中，可以结合当前学术界现有的"实践路径"方面的研究成果，以及质量评价指标体系构建所普遍采用的原则、标准、方法，立足高校公共体育课程项群化建设对建设主体所提出的具体要求，从教师知识、技能、能力、素养方面对该质量评价所必须具备的指标进行深入分析，使相关评价指标初步确立起来。在这里，这些关于高校公共体育课程项群化建设对建设主体所提出的具体要求显然可以作为构建评价指标体系的重要理论依据。

另外，在进行高校公共体育课程项群化建设质量评价指标体系构建的过程中，可以从总体的角度出发为该指标体系的构建作参考。其原因在于高校公共体育课程项群化建设要贯穿于课程运行的全过程之中，使之在课程教学活动中能够得到充分体现，而不是单纯为了高校公共体育课程改革而做出形式上的改变，这样也使教师

在将"项群化"内涵融入高校公共体育课程建设过程中时，项群化建设的能力与教师自身专业能力之间形成紧密联系。而在学术领域中，关于高校体育教师课程质量评价能力的研究却是由来已久，研究成果相对较为丰硕，可以帮助学者从中找到与高校公共体育课程项群化建设质量评价之间的共通之处，这无疑为该质量评价体系的构建提供有力帮助。另外，由于项群化建设作为高校公共体育课程模式中的一种，会贯穿课程运行始末，是教师专业能力的一种具体表现，所以这也进一步说明建设项群化课程与教师专业能力之间存在必然联系。具体而言，教师专业能力是贯穿教师职业生涯始末的能力总称，而高校公共体育课程项群化建设则是确保课程教学效果达到新课程改革要求的重要路径，所以高校公共体育课程教师的专业能力中，也包含课程项群化建设的能力。教师在确保课程教学效果更加趋于理想，就要根据项群训练理论中的观点，对课程项群化建设的特点、要求、一般步骤进行深入分析，找到实施过程中所必须重点关注的对象，而这不仅仅是教师上好每一节高校公共体育课的关键，更是课程项群化建设必不可少的重要条件。为此，在构建高校公共体育课程项群化建设质量评价指标体系的过程中，可以参考高校公共课程质量评价指标体系构建的相关研究成果，根据其体系框架和"项群化"建设的特点，将固有的体系框架进行科学优化，这样就使高校公共体育课程质量评价指标体系的研究成果，成为高校公共体育课程项群化建设质量评价指标体系框架构建，以及具体指标初筛的重要依据。

（三）高校公共体育课程项群化建设质量评价指标选取的基本流程

毋庸置疑，质量评价指标体系的构建过程具有明显的系统性和复杂性，特别是在质量评价指标的选取过程中，这两个基本特征表现得较为明显，高校公共体育课程项群化建设质量评价指标体系的构建自然也不例外。因此，笔者在大量阅读关于"质量评价体系构建"的相关著作的基础上，最终制定出可行性和可实现性较高的质量评价指标选取基本流程，具体如图6-2所示。

1. 查阅并总结项群化课程建设的相关研究成果

对于高校公共体育课程项群化建设质量评价指标体系的构建过程而言，无疑是一项系统性工程，其中不仅要有明确的理论作为基础，同时还要有相关的参考文献作为支撑，因此笔者借助中国知网、万方知识平台、维普期刊、掌桥科研以及所在学校电子图书馆等网络平台，对相关文件和研究成果进行广泛查阅，包括公共体育课程项群化建设的提出渊源、高校公共体育课程项群化建设的具体内涵、高校公共体育课程项群化建设的发展路径等，对这一领域进行了由浅入深的了解。另外，笔者还针对其他学科课程项群化建设的理论研究成果和实践路径进行了广泛查询和总结，并对高校公共体育课程项群化建设的方法进行了深入研究与分析，同时还将课程项群化建设的一般特征进行了广泛了解，从中总结出教师在高校公共体育课程项

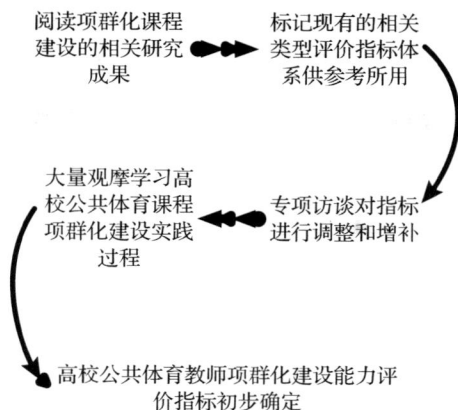

**图 6-2　评价指标选取流程**

资料来源：笔者整理。

群化建设中应发挥主导作用，而学生则要占据主体地位，建设的全过程要始终围绕高校公共体育课程改革所提出的具体要求以及学生参与公共体育课程学习的切实需求两个方面，对现有公共体育课程运动项目进行科学分类，并对其他运动项目资源进行有效开发，而这也意味着教师自身的公共体育课程项群化建设综合能力将会发挥至关重要的作用，并且为高校公共体育课程项群化建设质量评价指标的科学选取打下坚实基础。

2. 将相关指标体系研究成果进行广泛收集并加以参考

在充分了解高校体育课程项群化建设内涵的基础上，对高校体育课程项群化建设结构体系类相关文献资料进行了全面搜索和阅读，发现在当前学术领域中，部分学者将学校和二级院校作为一个整体，从宏观层面对高校公共体育课程项群化建设制定出架构。同时也有部分学者结合课程目标和课程内容两个维度，将高校公共体育课程项群化建设的思路进行论述，其内容也较为简略。另外，还有部分学者以学生作为研究对象，从宏观的角度将教师实施高校公共体育课程项群化建设的路径进行表述。综合以上研究观点，都证明教师在进行高校公共体育课程项群化建设时，需要较强的专业素养和实践能力。对此，则立足高校公共体育课程项群化建设的思路和路径，对教师所需要具备的能力进行系统分析，从中找出其共通点，将其作为高校公共体育课程项群化建设质量评价指标体系构建的重要依据。与此同时，笔者还阅读大量相关核心期刊和硕博论文，并结合高校公共体育课程项群化建设的内涵与特征，力求为全面构建高校公共体育课程项群化建设质量评价指标体系提供重要参考。

3. 通过专家访谈法对评价指标体系作出科学调整和补充

笔者在全面开启高校公共体育课程项群化建设质量评价指标体系构建工作之前，以所收集到的文献资料和研究总结作为基础，拟定出关于高校公共体育课程项群化建设质量评价指标体系构成的专家访谈提纲，征询相关专家对于高校公共体育课程项群化建设的具体主张，并且始终坚持科学性与合理性研究原则、系统性与创新性原则、针对性和整体可利用原则、实践可操作性原则、定性与定量相结合原则，将各位专家所提出的建议进行系统化分析，最终将评价指标进行有效筛选。在这里，笔者将指标内容重复较为明显，以及表达过于口语化的评价指标进行剔除和调整，以此来保障评价指标体系能够反映高校公共体育课程项群化建设整体质量的同时，对其未来优化与调整能够发挥出导向作用。

4. 大量观摩学习高校公共体育课程项群化建设实践过程

笔者在大量查阅相关文献资料，以及与相关专家就高校公共体育课程项群化建设质量评价指标进行详细交流之后，笔者已经做到初步了解该评价指标体系所应涉及的评价指标。可是这些工作只能被视作理论准备，但从高校公共体育课程项群化建设质量评价的特征来看，实践性无疑是该项工作最为显著的特征。对此，笔者在进行高校公共体育课程项群化建设质量评价指标体系构建之前，以现场观摩的形式对其具体实施过程以及在实施过程中可能遇到的阻碍进行直接了解，从中将该评价指标体系应做调整的部分进行详细记录，以此来确保该评价指标体系本身更加具有实践性与合理性。

（四）高校公共体育课程项群化建设质量评价指标的初拟

在进行专家访谈工作之前，教师应意识到自身的课程项群化能力与自身专项技术水平和公共体育课程教学能力之间有着较大的关联性，这也意味着广大教师在专家访谈环节的准备工作中，应对高校公共体育课程教师专项技术水平和教学能力评价指标体系构建的相关研究进行全面整理，这样才能确保专家访谈环节会有明确的方向和内容，也可以初步拟定出评价指标构建的具体维度（以及评价指标）。与此同时，每个维度还可以细分出多个下一层级和下下层级评价指标（二级评价指标和三级评价指标）。笔者认为高校公共体育课程教师专项技术水平和教学能力评价指标体系应由以下维度和不同层级评价指标构成，具体如表 6-3 所示。

表 6-3　高校公共体育课程项群化建设质量评价指标初拟结果

| 一级评价指标 | 二级评价指标 | 三级评价指标 |
|---|---|---|
| A 高校公共体育课程项群化建设的设计能力 | $A_1$ 设计高校公共体育课程项群化建设目标的能力 | $A_{11}$ 高校公共体育课程项群化建设目标的制定能够体现课程改革的具体要求 |
| | | $A_{12}$ 高校公共体育课程项群化建设目标的制定具备评判的标准 |
| | | $A_{13}$ 高校公共体育课程项群化建设目标与课程教学大纲规定内容相符合 |

| 一级评价指标 | 二级评价指标 | 三级评价指标 |
|---|---|---|
| A 高校公共体育课程项群化建设的设计能力 | $A_2$ 设计高校公共体育课程项群化建设过程的能力 | $A_{21}$ 将项群设计融入固有的课程教学方法 |
| | | $A_{22}$ 将项群设计融入固有的课程教学策略 |
| | | $A_{23}$ 教学资源的深度开发，如新课程资源融入课程情境、教材、教具 |
| | | $A_{24}$ 高校公共体育课程项群化设计具备融入新课程资源的理想时机 |
| | | $A_{25}$ 高校公共体育课程项群化建设有合理的新课程资源融入其中 |
| B 高校公共体育课程项群化建设实践能力 | $B_1$ 课程资源融入高校公共体育项群化建设目标的能力 | $B_{11}$ 课程资源融入学生运动参与目标的能力 |
| | | $B_{12}$ 课程资源融入学生运动技能目标的能力 |
| | | $B_{13}$ 课程资源融入学生身体健康目标的能力 |
| | | $B_{14}$ 课程资源融入学生心理健康目标的能力 |
| | | $B_{15}$ 课程资源融入学生社会适应目标的能力 |
| | $B_2$ 课程资源融入高校公共体育项群化建设过程的能力 | $B_{21}$ 课程建设目标中融入项群化建设思想 |
| | | $B_{22}$ 课程纲要制定过程中融入项群化建设思想 |
| | | $B_{23}$ 运动项目分类中能够融入项群化建设思想 |
| | | $B_{24}$ 教材与教参设计中融入项群化思想 |
| | | $B_{25}$ 授课计划制订中融入项群化思想 |
| | | $B_{26}$ 运动项目教学内容中融入项群化建设思想 |
| | | $B_{27}$ 组织课程实施过程中融入项群化思想 |
| | | $B_{28}$ 课程评价中融入项群化思想 |
| | | $B_{29}$ 完善课程教学内容和结构过程中融入项群化思想 |
| C 高校公共体育课程项群化建设评价与反思能力 | $C_1$ 评价高校公共体育课程项群化建设过程的能力 | $C_{11}$ 认识原有高校公共体育课程的能力 |
| | | $C_{12}$ 接收他人关于高校公共体育课程变化的反馈能力 |
| | | $C_{13}$ 评价高校公共体育课程变化的能力 |
| | $C_2$ 反思高校公共体育课程项群化建设水平的能力 | $C_{21}$ 能够反思高校公共体育课程项群化建设思想与课程内容的相融合 |
| | | $C_{22}$ 能够反思高校公共体育项群化建设思想与课程教学环境的相融合 |
| | | $C_{23}$ 能够反思高校公共体育课程项群化建设思想与教材、教具的相融合 |

续表

| 一级评价指标 | 二级评价指标 | 三级评价指标 |
|---|---|---|
| C 高校公共体育课程项群化建设评价与反思能力 | $C_3$ 反思高校公共体育课程项群化建设结果的能力 | $C_{31}$ 反思教师自身在专业知识储备方面的欠缺 |
| | | $C_{32}$ 反思提高公共课程项群化建设的能力、方法、策略 |
| | | $C_{33}$ 认识在高校公共体育课程项群化建设中欠缺的环节 |
| | | $C_{34}$ 反思项群内容中所包含的知识、技能、能力、素养元素是否充足 |
| D 高校公共体育课程项群化建设的拓展能力 | $D_1$ 高校公共体育课程项群化建设自研能力 | $D_{11}$ 不断提高自身高校公共体育课程项群化发展意识 |
| | | $D_{12}$ 不断利用多种途径来充实自身专业知识、技能、能力、素养储备 |
| | | $D_{13}$ 不断研究高校公共体育课程项群化建设思想融入课程内容的切入点 |
| | | $D_{14}$ 研究创新高校公共体育课程项群化建设方案 |
| | | $D_{15}$ 研究高校公共体育课程项群化建设新模式与实施策略 |
| | | $D_{16}$ 研究高校公共体育项群化建设思想与课程教学环境融合的新方法 |
| | | $D_{17}$ 研究高校公共体育项群化建设思想与教材、教具融合的新方法 |
| | $D_2$ 高校公共体育课程项群化建设组织与管理能力 | $D_{21}$ 给其他教师布置与高校公共体育课程项群化建设相关的其他任务 |
| | | $D_{22}$ 线上向其他教师推送其他高校公共体育课程项群化建设相关视频 |
| | | $D_{23}$ 组织同伴观看和参与其他高校公共体育课程项群化建设过程 |
| | $D_3$ 高校公共体育课程项群化建设的合作与交流能力 | $D_{31}$ 与校领导交流合作并得到大力支持，助力高校公共体育课程项群化建设的全面推广 |
| | | $D_{32}$ 与社会进行广泛交流，促使高校公共体育课程项群化建设水平的不断提升 |
| | | $D_{33}$ 与其他教师进行广泛交流，共同探讨高校公共体育课程项群化建设实施与优化路径 |
| | | $D_{34}$ 与高校学生密切交流，获得学生关于高校公共体育课程项群化建设的看法和建议 |

资料来源：笔者整理。

教师在初步拟定出高校公共体育课程项群化建设质量评价指标体系之后，要结合两轮专家问卷调查活动，对评价指标进行不断的甄选，由此才能确立起科学而又合理，同时具备可操作性和可实现性的高校公共体育课程项群化建设质量评价指标体系。

（五）第一轮高校公共体育课程项群化建设质量评价指标的专家反馈与筛选

1. 明确专家团队的基本构成

在向专家发放第一轮高校公共体育课程项群化建设质量评价指标调查表之前，教师要向从事该领域研究的知名专家发出诚挚邀请。在得到其肯定的答复之后，制定出完整的专家团队成员一览表（见表6-4），并向其发放第一轮高校公共体育课程项群化建设质量评价指标咨询问卷（见表6-3），在得到专家指导之后，教师再对高校公共体育课程项群化建设质量评价指标进行第一次调整，由此确保评价指标体系初步具备一定的合理性。

表6-4　德尔菲法专家团队成员

| 学历 | 工作单位 | 职称 |
|---|---|---|
| ×士 | ×××××大学（学院） | ××××× |
| ×士 | ×××××大学（学院） | ××××× |
| ×士 | ×××××大学（学院） | ××××× |
| ×士 | ×××××大学（学院） | ××××× |
| ×士 | ×××××大学（学院） | ××××× |
| ×士 | ×××××大学（学院） | ××××× |
| ×士 | ×××××大学（学院） | ××××× |
| ×士 | ×××××大学（学院） | ××××× |
| ×士 | ×××××大学（学院） | ××××× |
| ×士 | ×××××大学（学院） | ××××× |
| ×士 | ×××××大学（学院） | ××××× |
| ×士 | ×××××大学（学院） | ××××× |
| ×士 | ×××××大学（学院） | ××××× |
| ×士 | ×××××大学（学院） | ××××× |
| ×士 | ×××××大学（学院） | ××××× |
| ×士 | ×××××大学（学院） | ××××× |

资料来源：笔者整理。

2. 计算专家积极系数

在通常情况下，某人对某一事物的关注程度越高，则可以说明某人对该事物有着较高的积极性，专家在填写质量评价指标体系调查问卷时也是如此，每一位专家在填写评价指标具体意见时的认真程度，通常可以反映出专家本身对这一评价指标的关系程度和兴趣程度。与此同时，也可以得出一条较为重要的结论：专家对本研究的关心程度越高，那么专家对于本研究的问卷调查填写过程也会越认真负责，所反映出的专家积极系数也会越高。相反，如果专家对本研究的积极系数越小，则可以反映出专家对本研究领域的熟悉程度（或关心程度）较低。笔者认为专家积极系数的计算公式应为：（回收问卷数量 / 发放问卷数量）×100%。在此之后，教师要根据统计学原理中的相关规定，当专家调查问卷回收率达到70%以上时，说明此次专家调查问卷回收信息效果较为理想，第一轮高校公共体育课程项群化建设质量评价指标的专家反馈说服力较强。

3. 计算专家权威程度

专家权威程度对于以专家为核心的德尔菲法而言，作用较为重要，笔者认为对于评价指标的判断依据方面，通常要包括理论依据、实践经验、参考资料、直觉选择四项内容，说明自身所判断出的评价指标对于评价过程和结果的作用大小。而且专家在对自我判断进行评价时，教师要在调查问卷四项内容中，都设置影响程度选项，并将该选项划分为"大""中""小"三个评级标准。在对熟悉程度进行自我评价时，教师要将熟悉程度划分为"很熟悉""比较熟悉""一般熟悉""不太熟悉""很不熟悉"五个评级标准。最后在专家顺利完成自我评价之后，教师则要根据专家所反馈的自我评价信息，将每个评价等级的量化值通过公式（Ca + Cb）/2进行计算，最终得出专家权威程度，从而充分彰显出第一轮高校公共体育课程项群化建设质量评价指标的专家反馈质量，为科学选择评价指标打下坚实基础。

4. 得出专家意见协调程度

在第一轮高校公共体育课程项群化建设质量评价指标的专家反馈中，专家意见协调程度泛指参与问卷调查的专家对于评价指标是否存在分歧，以及分歧的大小，对于评价指标的筛选有着重要作用。在这里，笔者认为可以利用变异系数（C·V）和肯德尔协调系数（Kendall 系数）具体数值的分析来表示。其间，对于变异系数的计算方法而言，可以采用公式：变异系数（C·V）= 标准差 / 平均数来得到。因为变异系数通常会与专家意见的协调程度呈反比关系，通过该公式所计算出的变异系数的数值越小，则可以充分说明在专家体系中，对于某一评价指标的评分值波动较小，专家意见的协调程度较高，反之则说明专家对于某一评价指标的不同意见较大，专家之间的协调程度较低。如果在专家体系中，对于某一评价指标的变异系数超出规定范围时，那么就说明这一评价指标需要进行删减或更改。但是，由于变异系数通常只能反映出专家体系对于某一评价指标的意见协调程度，并不能反映出评价指标整体的协调程度，所以此时就需要采用肯德尔协调系数进行分析。因为肯德尔协调系数是专家体系对于整体指标一致性协调程度的计算结果，可以客观体现出每位专家对于一整套质量评价指标体系中的每一指标的评分的波动情况，所以在计算专家整体的意见协调程度系数时，应将该计算方法作为重要选择。在此之后，教师要结合统计学原理，将肯德尔协调系数的逐渐显著性，以及 W 值进行计算，最终得出专家意见是否具有一致性。在此期间，教师应该深刻意识到肯德尔协调系数的逐渐显著性在 < 0.05，并且 W 值保持在 0~1 时，这种情况就意味着专家体系的整体意见具有一致性特征，W 值越接近 0，则意味着专家体系对于评价指标体系的一致性协调系数越小，协调一致性也越差，而 W 值越接近于 1，则意味着专家体系对于评价指标体系的一致性协调系数越大，协调一致性也越高。

5. 专家指导意见

在明确专家团队的基本构成、计算专家积极系数和专家权威程度、得出专家意见协调程度的基础上，教师要对专家团队成员所给出的具体评分数据进行系统分析。其中，变异系数的数值越高，则反映出专家整体评分的波动性越大，专家对于指标体系整体的协调性越低。而在具体的数据分析过程中，笔者认为广大教师应深刻意识到，如果标准差处于小于 1，且变异系数 < 0.2 的状态时（数值要保留至小数点后三位），那么具体评分数据可以用于第一轮高校公共体育课程项群化建设质量评价指标的筛选。因为如果评价指标体系中的各项指标评分标准差都能保持在 < 1 的状态，则说明这些评价指标评分标准都符合统计学标准。如果变异系数较大，则说明教师应该根据专家的指导意见，将具体的评价指标进行删减或者修改，从而方可确保第一轮高校公共体育课程项群化建设质量评价指标趋于合理。

以一级评价指标中的"体育项目拓展能力"为例，如果标准差处于 < 1 的状态，但是其变异系数则超出标准范围，那么就可以说明专家团队内部对该评价指标存在较大的分歧，所以需要将与之相对应的下属二级指标和三级指标进行删除。此时不免会存在另外一种情况：与之相对应的二级指标和三级指标中，标准差系数和变异系数均处于标准范围之内，在这种情况下，可以将这些二级指标和三级指标进行保留，并结合专家所给出的指导意见，将其他一级指标、二级指标、三级指标进行修改或删除。

具体而言，教师可以根据专家问卷反馈中的具体指导意见，将指标删除和修改的原因进行整理，如高校公共体育课程教学任务较为繁重，并且对于课外体育活动的组织与管理并不属于教师所要承担的职责，所以导致教师体育项目拓展能力操作性较差，这样的原因显然不够合理。因为一级指标主要体现在"体育项目拓展能力"这一维度，所包含的二级指标必须能够对一级指标产生直接和间接的影响，而课外体育活动的组织与管理应属于组织能力与管理能力指标，并不是造成一级指标难以实现的原因，故而反映出一级指标和二级指标之间所存在的包含与被包含关系较为混乱，因此专家反馈意见会体现在按照各级指标的从属关系，将各级指标进行重新修改或删除。按照该专家反馈与修改思路对第一轮高校公共体育课程项群化建设质量评价指标体系进行调整，最终能够获得科学性与合理性相对较高的高校公共体育课程项群化建设质量评价指标体系。

（六）第二轮高校公共体育课程项群化建设质量评价指标的专家反馈与筛选

毋庸置疑，在质量评价体系的构建过程中，评价指标体系的构建至关重要，因为其科学性与合理性直接关乎质量评价的过程能否顺利进行，以及评价结果能否客观反映出现实情况，所以这也意味着在确定质量评价指标体系的过程中，需要经过至少两次评价指标专家反馈，高校公共体育课程项群化建设质量评价指标构建过程也不例外。在此期间，广大教师要在第一轮专家问卷反馈和指标筛选、修改的基础上，进行第二轮高校公共体育课程项群化建设质量评价指标的专家反馈与筛选，具体操作如下：

1. 明确专家团队的基本构成

在第二轮德尔菲法的专家调查问卷中，仍然要将第一轮最终确定的专家作为本轮专家团队的基本构成，并向其发放调查问卷。由于此次所选择的专家团队与第一次完全相同，所以此处笔者无须再将专家团队成员一览表进行赘述，样式和内容与表6-4完全相同。

2. 计算专家积极系数

在第二轮专家问卷发放的过程中，发放对象要与第一轮问卷回收的结果相一致，也就是说哪位专家在第一次问卷调查中反馈的调查问卷，那么就要向其发放第二次调查问卷，问卷回收率要大于70%（尽量达到100%），因为只有达到这一标准，问卷结果才可以被用于第二轮高校公共体育课程项群化建设质量评价指标筛选与修改。

3. 明确专家权威程度

由于第二轮高校公共体育课程项群化建设质量评价指标专家评分调查问卷的判断依据，以及熟悉程度评级和量化值应该与第一轮专家评分调查问卷相一致，所以具体数据分析统计的全过程应包括两个方面：一是结合专家对于熟悉程度的自我评价信息，通过公式（Ca + Cb）/2 来计算专家权威程度系数。二是教师应深刻意识到在统计学知识领域中，如果权威程度系数大于或者等于0.7时，说明计算结果可以用于研究过程，相反则不然，因为专家判断依据影响因素和专家指标熟悉程度系数的比值＞0.7，说明专家评价指标的权威程度相对较高，用于评价指标体系构建过程也会具有较强的说服力，反之则会导致评价指标体系构建过程与结果不具备较强的说服力。

4. 明确专家指导意见

在对第二轮高校公共体育课程项群化建设质量评价指标的专家反馈结果进行评价指标筛选时，笔者认为依然要沿用标准差＜1，变异系数＜0.17的筛选标准，其原因就是两轮专家问卷反馈后的评价指标筛选标准应保持高度统一。由于第二轮发放的专家调查问卷中，已经将评价指标体系按照第一轮专家所提供的指导意见进行了调整，所以第二轮向专家发放的调查问卷评价指标均能得到专家团队的一致肯定，各评价指标的标准差都能保持在＜1，并且变异系数小于0.17的标准范围之内，这也意味着之后无须将评价指标进行删减。可是，在第二轮专家调查问卷反馈结果中，依然会存在部分专家对于一些评价指标的表述存在歧义或者指向不明的情况，同时也会有针对性地提出修改建议，教师在结合自身思考并作出合理调整之后，便可建立一整套更为合理的评价指标体系。

例如，部分专家认为在评价指标体系中，对于部分评价指标的表述（如"运动项目分类""教学活动""课堂""核心素养"）中，都增加了"体育"这一限定词，而有些指标的表述则并没有加入这一限定词，应该将表述形式进行统一，如"体育运动项目分类""体育教学活动""体育课堂""体育核心素养"等，这样方可使评价指标体系在整体性和针对性上体现出更为贴切的特点。

再如，部分专家会认为，在二级评价指标中，所包含的三级指标的表述存在一定问题，如与之前的评价指标存在相互重复的现象，或者一些表述存在歧义或词不达意的现象。这就需要广大教师不仅要认真思考这些专家反馈的意见，并将自己的观点与专家进行深入探讨，最终找出更为合理的修改方案。具体而言，在"评价反思自身在公共体育课程项群化建设中的形象是否能够起到榜样作用"评价指标的调整中，教师应该从公共体育课程项群化建设的最终目的出发，对评价指标的表述进行调整，并将自身的想法与专家团队进行及时沟通，最终确立"评价反思自身在高校公共体育课程项群化建设的形象是否加强了课程分类教学效果，及该如何改正"这一表述方式。这样既可以让评价指标明确反映出高校体育课程项群化建设的最终目的，又可以明确教师在进行高校公共体育课程项群化建设时，应该从哪一方向努力，从而使课程建设的过程与结果更加趋于理想化。

（七）高校公共体育课程项群化建设质量评价指标体系的确立与分析

在经过两轮专家问卷调查之后，可以得到一份专家团队内部意见基本一致，并且高度认同的高校公共体育课程项群化建设质量评价指标体系，这也标志着该质量评价指标体系构建工作的全面完成。在这里，笔者认为该质量评价指标体系应包含4个一级评价指标，8个二级评价指标，多个3级评价指标，并且要对各项评价指标作出具体分析，从而充分体现该质量评价指标体系对高校公共体育课程项群化建设过程与结果评定的客观性与全面性，具体分析如下：

1. 一级评价指标"发展教师自身公共体育课程项群化建设素养的能力"及其下属指标的分析

该评价指标是指高校公共体育课程教师在建设项群化课程中应具备的基本能力，因为该课程建设的全过程中，要求教师必须具备过硬的专业知识储备，以及专业技能和教学能力，由此才能确保每个项群内部知识结构和运动技能结构高度合理，让学生参与某一类体育活动的兴趣能够得到持续激发，并始终保持强烈的运动参与积极性和主动性，助其终身体育意识和习惯的全面养成。相反，如果教师不具备这方面能力，显然不能对公共体育课程所涵盖的运动项目进行科学分类，学生无法系统化学习某一类体育运动相关知识和技能。这样既不利于学生对体育运动的深入了解，更不利于学生终身体育意识和习惯的全面养成。对此，笔者认为该一级评价指标应包含两个二级评价指标：深入挖掘和转化课程资源的能力和公共体育课程项群化建设自研能力。

针对前者，泛指教师在进行高校公共体育课程项群化建设之初，教师要具备对公共体育课程资源的挖掘能力，由此确保每个项群内部的知识体系和运动技能体系较为完整，同时还能支持多种课程教学手段的有效应用。所以在该二级评价指标体系中，应包含3个三级评价指标：通过多种学习方式了解各项体育运动、能够挖掘与公共体育课程项群化建设相关的课程资源以及将课程项群化建设的相关课程资源转化为课程项目。针对后者，指的就是教师在进行高校公共体育课程项群化建设过程中，能够让更多的课程资源合理充斥于每个项群，确保各项群既能在内容方面更加具有关联性和丰富性，同时可以让课程教学方法变得更加多样化，充分保障学生学习的深度和广度。因此，该二级评价指标中，应包含2个三级评价指标：改进和创新公共体育课程教学的方法以及改变固有公共体育课程教学环境。这些二级评价指标和三级评价指标无疑都是教师能够有效进行高校公共体育课程项群化建设，并且确保其能够得到有效实施所必须具备的基础条件，任何一个细节都会直接关乎高校公共体育课程项群化建设的整体质量。

2. 一级评价指标"高校公共体育课程项群化建设的设计能力"及其下属指标的分析

该评价指标主要指向于高校公共体育课程项群化建设程序中的准备阶段，泛指教师在项群化建设过程中的宏观设计能力。具体而言，就是教师在开展高校公共体育课程项群化建设实践活动之前，就应该设计出具体的项群化建设方案，确保体育项目类别的划分、课程内容的科学设置、课程教学方法的合理选择等多个环节能够顺利进行，从而达到当前高校公共体育课程建设与发展的最终目标。对此，笔者认为该一级评价指标应该包括2个二级评价指标：设计高校公共体育课程项群化建设目标的能力和设计高校公共体育课程项群化建设过程的能力。

　　就前者而言，目标无疑能够对过程提供引领作用，确保课程建设工作能够在规定的时间内保质保量地完成，所以在高校公共体育课程项群化建设过程之中，能否明确其阶段性目标就成为关乎其成败的重要因素，在进行该质量评价时，必须将这一因素作为评价指标的重要组成部分，还要对应 3 个三级评价指标，即设计的课程建设目标包含项群化建设具体要求、设计的课程建设目标能辨别项群化建设具体方法以及设计的课程建设目标与高校公共体育课程改革内容相符合，以此来有效反映出高校公共体育课程项群化建设是否只是流于形式化和表面化。就后者而言，高校公共体育课程项群化建设不仅要有明确的目标，更要有科学合理的实施过程作为基本保障，所以广大教师在开展该项系统性工作之前，要对具体且可行的实施过程进行系统化设计，确保丰富的课程资源能够融入每个项群之中，并形成更多且更为理想的课程教学情境和课程内容。对此，在"设计高校公共体育课程项群化建设过程的能力"二级评价指标中，应包含 4 个三级评价指标，分别为设计高校公共体育课程项群化建设过程有利于新教学方法的融入、设计高校公共体育课程项群化建设过程需要融入更多运动项目、设计高校公共体育课程项群化建设过程能够为教学方法创新和教学资源融入提供良好时机、设计高校公共体育课程项群化建设过程能够丰富课程活动组织形式。

　　3. 一级评价指标"高校公共体育课程项群化建设实施能力"及其下属指标的分析

　　该一级指标指向于教师全面落实高校体育公共课程项群化建设过程中应具备的能力，也就是说，教师在实施高校公共体育课程项群化建设时应该具备的主要能力。因为教师在明确高校公共体育课程项群化建设目标和过程之后，随即要考虑如何将设计方案落实到实践过程之中，让项群化建设过程能够按照预期目标有条不紊地开展，而这一环节恰恰也是高校公共体育课程项群化建设的核心环节。因此，该一级评价指标中，应包含 2 个二级评价指标：高校公共体育课程项群化建设实践操作能力和新课程资源融入高校公共体育课程项群化建设过程的能力。

　　在高校公共体育课程项群化建设的策略实施过程中，笔者认为应该包括两个方面：一是实践能力，二是确保课程教学活动的稳步进行。两者之间存在着相辅相成的关系，如果教师不能将所掌握的项群化建设方法落实到实践过程中去，学生就不会得到深入了解和学习各类体育运动的机会，而如果所建设出的项群化课程不能保障教学活动有序进行，最终的结果也会导致学生无法充分了解和学习各类体育运动。对此，在"高校公共体育课程项群化建设实践操作能力"二级评价指标中，应涵盖 3 个三级评价指标，分别为可以运用所掌握的专业知识将公共体育课程运动项目进行系统分类、可以通过各种途径发掘隐性课程资源和可以将隐性课程资源合理分配至各个项群之中。高校教师在公共体育课程项群化建设过程中具备了过硬的实践操作能力并不意味着课程建设就能够顺利开展，因为这一过程需要教师针对现有课程项目进行系统分类，之后再结合项群内部结构进行相关课程资源的开发，最后将相关课程资源有效融入其中，由此才能确保课程建设体现出高度的科学性与合理性，课程教学质量也会充分反映出高校公共体育课程项群化建设的整体质量。在这里，固然需要教师具备将新课程资源融入高校公共体育课程项群化建设过程的能力，所包含的三级评价指标应包括 9 个，分别应为课程建设目标中融入项群化建设思想、课程纲要制定过程中融入项群化建设思想、运动项目分类中融入项群化建设思想、教材与教参设计中融入项群化思想、授课计划制订中融入项群化思想、运动项目教学内容中融入项群化建设思想、组织课程实施过程中融入项群化思想、课程评价中融入项群化思想、完善课程教学内容和结构过程中融入项群化思想。

4. 一级评价指标"高校公共体育课程项群化建设评价与反思能力"及其下属指标的分析

该一级评价指标集中指向于教师在完成公共体育课程项群化建设之后应具备的基本能力，从而反映出高校公共体育课程项群化建设的整体效果，以及未来改进的具体方向。因为教师只有根据公共体育课程项群化建设效果不断进行评价与反思，课程项群化建设的效果才能得到不断提升，因此该一级评价指标与"发展教师自身公共体育课程项群化建设素养的能力"也会形成理想的闭环。而且教师在评价反思的过程中，可以找到在高校体育公共课程项群化建设中的提升空间，长此以往也会确保高校体育公共课程项群化建设的整体效果得到不断提升。因此，笔者认为在"高校公共体育课程项群化建设评价与反思能力"评价指标中，应包含两个二级评价指标，分别为评价自身课程项群化建设水平的能力和课程项群化建设过程的反思能力。

笔者在构建该一级评价指标过程中发现，在高校公共体育课程项群化建设质量的评价过程中，会存在与教师自身评价相互交叉的情况，因此笔者将二者进行结合，将其放入"课程项群化建设过程的反思能力"二级评价指标之中。这样就使"评价自身课程项群化建设水平的能力"包括 3 个三级评价指标，分别为能够对课程项群化建设的变化情况进行动态监控、能够根据课程项群化建设过程中的具体表现将未来建设方向进行研判和能够对项群化建设过程中其他教师参与程度进行评价。其中，能够对课程项群化建设的变化情况进行动态监控是指教师能够根据课程项群建设的实际反馈，不断对建设方案进行及时调整，并且能够结合过程性评价来不断优化建设方案。能够根据课程项群化建设过程中的具体表现将未来建设方向进行研判是指教师在课程项群化建设结束之后，根据学生在课程学习中的实际反馈，让自身能够对课程项群化建设效果产生准确认知，这样更有利于教师进行查缺补漏，并对下一阶段课程项群化建设目标进行有效调整。能够对项群化建设过程中其他教师参与程度进行评价是指教师能够对参与该项工作的其他教师作出评价，确保教师在后期不断对课程项群化建设成果进行查缺补漏，使高校公共体育课程项群化建设的意义和价值最大程度体现出来。

而针对教师自身的评价，笔者认为应该包括 7 个三级评价指标，分别为评价反思自身专业素养是否可以支撑高校公共体育课程项群化建设的切实需求、评价反思自身在高校公共体育项群化建设过程中是否加强了课程建设效果和如何进行改正、评价反思自身是否将更多的运动项目资源融入课程项群化建设过程之中、评价反思其他运动项目融入课程项群化建设的时机是否合适、评价反思自身在课程项群化建设中是否存在环节上的欠缺、评价反思自身在高校公共体育课程项群化建设中的目标是否达到预期高度、根据课程建设的经验和他人的反馈总结课程项群化建设的新方法，在这些三级评价指标的共同作用之下，高校公共体育课程项群化建设的整体水平才会得到持续提高，高校公共体育课程项群化建设的优势才能得到最大程度的体现。

（八）高校公共体育课程项群化建设质量评价指标权重的确立

在通常情况下，人们运用权重系数来表示质量评价指标体系中指标权重（作用）的大小，由此来证明具体指标在质量评价指标体系中的重要性大小。在这里，有一点需要引起高度重视，即所有评价指标的权重之和必须等于 100，或者等于 1，对于课程建设质量的评价而言更是如此。但是，与其他质量评价之间也存在明显的不同，主要表现在各项指标的权重往往需要广大教师对指标相对价值有着高度认知，这样就导致指标权重的获得过程具有一定的主观性。而在评价指标的权重中，重要性不同的指标往往能够反映出总体评价的客观性与合理性，并且能够确保评价结果的科学性与合理性，这也意味着指标权重系数通常会对课程建设起到鲜明的导向作用。因此，在进行高校公共体育课程项群化建设质量评价指标构建时，各评价指标的权重系数计算应视为基础环节，其原因在于能够用来直接评价课程项群化建设的整体质量，最终确立的指标权重系数更有利于探索高校公共体育课程项群化建设质量评价指标重要程度区分，并能够为高校公共体育课程项群化建设质量的评价提供明确导向。对此，笔者认为在计算高校公共体育课程项群化建设质量评价指标体系权重过程中，应该利用第二轮德尔菲法专家团队对各项指标最终的评分情况，将其作为各评价指标的具体权重，具体包括以下四个操作步骤：

第一步：教师将两轮专家调查问卷中所给出的评价等级进行赋分，做到将"关系重大""关系比较大""关系一般""关系不大""没有关系"五个评价等级分别赋值为 5 分、4 分、3 分、2 分、1 分。在此之后，教师要将两轮专家评价赋分情况视为质量评价指标筛选的重要依据，并且还要在经过第二轮德尔菲专家问卷之后，将该质量评价指标体系的基本构成确定下来，这样第二轮专家问卷的赋分情况就可以视作每位专家对各评价指标在该评价指标体系中重要性占比程度评估结果。

第二步：教师要根据专家问卷的具体评分情况，对二级评价指标 X 的某个三级评价指标 Y 的所有专家评分总分数进行计算，并将其记为 $S_{XY}$。

第三步：教师要根据专家调查问卷对评价指标的具体评分情况，将二级评价指标 X 下属的所有三级评价指标专家评分总分数进行计算，而这也正是二级评价指标 X 所得到的专家评分总分数，并将其记为 $T_X$。

第四步：在完成以上三个步骤之后，教师就可以将二级评价指标 X 下属三级评价指标 Y 的指标权重计算出来，并将其记为 $W_{XY}$。再根据以上关系就可以得到 $W_{XY}$ 的计算方法：

$$W_{XY} = W_{XY} - S_{XY} / T_X \tag{6-3}$$

根据以上计算方法，教师就可以算出二级评价指标的权重，具体操作主要包括三个环节，即先将某个二级评价指标 X 的下属三级指标专家评分总分数进行准确计算，并将标记为 $S_X$，之后则要将二级评价指标下属的所有三级评价指标专家评分总和进行准确计算，并将其标记为 $T_X$，最后就可以得出二级评价指标 X 的权重，并将其标记为 $W_X$，再根据以上关系就能得出 $W_X$ 的计算公式：

$$W_X = W_X - S_X / T_X \tag{6-4}$$

# 参考文献

［1］王红.高校体育课程俱乐部模式创设与管理［M］.天津：天津科学技术出版社，2022.

［2］匡湧进.高校体育课程资源理论研究［M］.西安：西安地图出版社，2008.

［3］顾小叶.高校水上体育课程模块构建［M］.哈尔滨：哈尔滨工业大学出版社，2022.

［4］罗伟.体育强国背景下高校特色体育课程体系研究［M］.北京：中国纺织出版社，2022.

［5］欧枝华.新时期高校体育教学及其课程体系改革研究［M］.北京：中国纺织出版社，2020.

［6］孙亚敏，黎桂华，崔熙.高校民族传统体育课程设置与教学研究［M］.北京：中国时代经济出版社，2014.

［7］季克异，黄汉升，许红峰.全国普通高校体育教育专业教学内容和课程体系改革的理论与实践［M］.福州：福建教育出版社，1999.

［8］杜晓旭.基于 OBE 高校公共体育课程设计研究［M］.郑州：郑州大学出版社，2022.

［9］赵元罡.高校体育课程设计研究［M］.延吉：延边大学出版社，2018.

［10］李松洋.高校体育课程建设创新实践［M］.北京：现代出版社，2018.

［11］赵金海.普通高校硕士研究生体育课程设置调查及对策研究［D］.海口：海南师范大学，2024.

［12］李文妍.基于教师专业发展背景下广东省 5 所高校体育教育专业课程设置比较研究［D］.昆明：云南师范大学，2023.

［13］张金峰.高校体育与健康课程项目设置对大学生体质的影响研究［D］.太原：山西师范大学，2023.

［14］陈本韦.广西高校体育教育专业学生理论课程学习态度及影响因素研究［D］.桂林：广西师范大学，2023.

［15］毕笑晴.学前教育专业开设体育艺术课程重要性研究［D］.天津：天津体育学院，2023.

［16］陈鹏.高校体育教育专业篮球课混合式教学模式的构建与应用研究［D］.沈阳：辽宁师范大学，2022.

［17］卢益霖.基于网络爬虫技术的高校体育"学堂在线"课程建设研究［D］.太原：山西师范大学，2022.

［18］杜雅倩.河北省高校体育网络教学资源的利用研究［D］.曲阜：曲阜师范大学，2021.

［19］任道芳.上海市三所高校体育类专业排球在线课程资源建设和运行特征研究［D］.上海：上海体育学院，2021.

［20］张茜.在线体育课程建设的SWOT分析及实施路径研究［D］.曲阜：曲阜师范大学，2021.

［21］陈召召.河南省高校公共体育课程线上线下混合式教学实施状况与优化策略研究［D］.郑州：河南大学，2024.

［22］阳方利.黔南州公办高校公共体育民族传统体育课程实施状况及改进策略研究［D］.贵阳：贵州师范大学，2024.

［23］金存龙.新时代背景下陕西省普通高校公共体育课程项目设置与学生需求研究［D］.西安：西安工业大学，2024.

［24］郑致飞."体教融合"理念下成都市高校公共体育课程教学研究［D］.成都：成都大学，2023.

［25］吴逊.基于推拉理论的湿地生态旅游者出游动机研究［D］.贵阳：贵州师范大学，2023.

［26］张瑞.复杂视角下生态旅游博弈分析［D］.重庆：重庆工商大学，2023.

［27］张永志.分层教学法在普通高校篮球公共选项课中的应用研究［D］.昆明：云南农业大学，2023.

［28］宁碧璇.高校公共体育课混合式教学评价指标体系的构建研究［D］.天津：天津体育学院，2023.

［29］高情情.图们江地区生态旅游可持续发展研究［D］.延吉：延边大学，2022.

［30］李思欣.移动端应用软件在高校公共体育课程教学中的应用研究［D］.株洲：湖南工业大学，2022.

［31］姚琛.应用型人才培养目标下的高校公共体育课程创新研究［J］.当代体育科技，2024，14（34）：59-62.

［32］杨波，贾树波.高校公共体育匹克球课程内容体系构建研究［J］.林区教学，2024（3）：82-85.

［33］张辉，刘卫东，张晓春.新时代地方本科高校公共体育课程体系构建与教育模式创新研究——以菏泽学院为例［J］.菏泽学院学报，2023，45（5）：133-138.

［34］钟晨.普通高校公共体育羽毛球课程教学质量评价体系构建研究［J］.陕西教育（高教），2022（10）：30-32.

［35］汪波，李慧萌，潘声东.安徽省高校公共体育俱乐部制教学改革评价研究——以W高校学生学习成绩评价为例［J］.当代体育科技，2021，11（27）：7-11+40.

［36］张军，李冉.浅议高校公共体育课程建设的有效策略［J］.大连教育学院学报，2021，37（2）：59-60.

［37］冯青山，丁剑翘，郑焱，等.高校公共体育课程改革实证研究——乒乓球选修课评价指标体系和标准制定［J］.山西大同大学学报（自然科学版），2021，37（2）：82-85.

［38］胡文武，王敬红.完全学分制下高校公共体育课程"模块化"教学体系构建［J］.当代体育科技，2020，10（34）：163-165.

［39］宋明伟，卢三妹.新形势下普通高校公共体育课程"课内外一体化"体系建设的实证研究——以华南农业大学为例［J］.湖北体育科技，2018，37（8）：738-742+34.

［40］高文强.当前高校公共体育课教学质量监控系统存在的问题与对策［J］.当代体育科技，2017，7（36）：106+108.

［41］方亚冰.高校公共体育健康课程体系改革与创新［J］.内蒙古财经大学学报，2017，15（6）：114-117.

［42］赵光强，刘芳，张少伟.关于高等院校公共体育课程体系的构建探讨［J］.当代体育科技，2017，7（27）：115-116.

［43］曹小芬，曹庆荣."三维一体"的高校公共体育课程教学评价体系的实施和监控研究［J］.体育科技，2016，37（6）：126-127.

［44］段绍斌."三位一体"高校公共体育课程模式的配套体系探讨［J］.赤峰学院学报（自然科学版），2015，31（20）：184-185.

［45］凌青东，修晓雨，李越超.普通高校公共体育课程教学体系建设的实践［J］.鞍山师范学院学报，2014，16（6）：67-70.

［46］张永刚，杨露.阳光体育运动背景下高校公共体育课程体系的创新研究［J］.长春教育学院学报，2014，30（22）：99+101.

[47] 刘玉娥，刘玉燕.西藏高校公共体育课程体系改革探讨［J］.当代体育科技，2014，4（31）：99+101.

[48] 首洁.乒乓球在普通高校公共体育课程中的构建与分析［J］.体育世界（学术版），2014（9）：71-72+63.

[49] 毋洪飞.高校公共体育拓展课程教学体系的构建［J］.当代体育科技，2014，4（24）：65-66.

[50] 王俊平.内蒙古普通高校公共体育课课程体系区域性特征研究［J］.才智，2014（20）：41-42.

[51] 刘大明，李春月，李博.高校公共体育课程体系的构建及其主要特征［J］.科技视界，2014（17）：44+99.

[52] 郭太玮，季浏，潘绍伟，等.普通高校体育课程内容标准体系的研究［J］.体育学刊，2014，21（2）：69-74.

[53] 刘苏，于志伟，许兰.普通高校公共体育课程体系整体优化与创新研究——以中国药科大学体育课程改革为例［J］.中国成人教育，2013（20）：166-168.

[54] 李海，陶李军.创新人才培养模式下，高校公共体育课程体系的改革研究［J］.体育科技文献通报，2013，21（2）：20-21.

[55] 郭芙茉，骆红斌.高校公共体育课程体系优化的研究——以浙江工业大学体育课程改革为例［J］.浙江工业大学学报（社会科学版），2012，11（2）：150-153.

[56] 王越.高校公共艺术教育课程体系改革实证研究——以公共艺术教育与公共体育比较研究为例［J］.教育教学论坛，2012（6）：14-17.

[57] 许龙成.高校公共体育课程中开设“应急体适能”课程的探究［J］.南京体育学院学报（自然科学版），2012，11（1）：97-99.

[58] 王科峰.高校公共体育课程质量评价指标体系研究——基于 CDIO 高等工程教育模式［J］.体育研究与教育，2011，26（5）：42-46.

[59] 王科峰.CDIO 高等工程教育模式下构建高校公共体育课程质量评价探研［J］.高教论坛，2011（5）：93-95.

[60] 焦海霞.高校公共体育课程体系改革研究［J］.忻州师范学院学报，2007（5）：122-124.

[61] 周伟.重庆市普通高校公共体育课程体系现状研究［J］.西南师范大学学报（自然科学版），2007（2）：132-135.

[62] 封小青.建设完善高校公共体育课程体系［J］.山西财经大学学报，2006（S2）：252.

［63］王小美，张翔.学分制下高校公共体育课程体系模式的研究［J］.体育科技
文献通报，2006（2）：43-44.

［64］白震，易春燕.论现代高校公共体育课程学习目标实现途径的实证研究［J］.
北京体育大学学报，2006（1）：93-95.

［65］杨卫华.河南省高校公共体育与健康课程体系的现状与对策研究［J］.哈尔
滨体育学院学报，2005（6）：61-62.

［66］王小美，张翔.学分制下高校公共体育课程体系模式的研究［J］.山西师大
体育学院学报，2005（4）：61-62.

［67］龚婉敏，徐永生，胡惠.高校公共体育健康教育课程创新体系的研究与实践
［J］.武汉体育学院学报，2004（1）：119-123.

［68］赵峥，范晓明.普通高校公共体育课程体系的分析与研究［J］.佳木斯大学
社会科学学报，2003（4）：97-98.

［69］武玉元，林杨.高校公共体育课程改革初探［J］.黑龙江农垦师专学报，2001
（2）：99-100.

# 附　录

## 一、高校公共体育课程运行情况

### 学生调查问卷

亲爱的同学：

　　您好！

　　为更好地提升高校公共体育课程建设质量，探明高校公共体育课程项群化建设的可行性和具体实施路径，特设计并发放此问卷。本次问卷调查以不记名形式开展，并且会对问卷进行严格管理，希望您能够根据自身实际情况进行填写。每题均为单选题，在选项字母上打"√"即可，感谢您的配合！

　　1. 您的年龄：

　　　　A. 19~20 岁　　　　　　　　　　　B. 20~21 岁

　　　　C. 21~22 岁　　　　　　　　　　　D. 22~23 岁

　　2. 您的性别：

　　　　A. 男　　　　　　　　　　　　　　B. 女

　　3. 您在平时锻炼过程中的兴趣爱好是什么？

　　　　A. "三大球"或其中一种　　　　　　B. 隔网对抗项目

　　　　C. 身体对抗项目　　　　　　　　　　D. 休闲体育运动

　　4. 您对所在学校公共体育课程的满意度如何？

　　　　A. 非常满意　　　　　　　　　　　　B. 比较满意

　　　　C. 不满意　　　　　　　　　　　　　D. 非常不满意

　　5. 您能系统化掌握两项或两项以上运动技能和体育规则吗？

　　　　A. 能够充分掌握　　　　B. 基本掌握　　　　　C. 完全不掌握

6. 您认为当前高校公共体育课程所学的运动项目系统化吗?
   A. 非常系统　　　　　　　　　　　B. 能够满足自己需求
   C. 不够系统　　　　　　　　　　　D. 完全不能满足自己需求
7. 您认为公共体育课程需要融入更多运动项目吗?
   A. 非常必要　　　　B. 可以适当融入　　　　C. 不必融入
8. 您认为公共体育课程教学资源充分吗?
   A. 非常充分　　　　　　　　　　　B. 比较充分
   C. 一般　　　　　　　　　　　　　D. 不充分
9. 您认为公共体育课程运行过程的方法与手段能满足自身需要吗?
   A. 非常满足　　　　B. 一般　　　　C. 不能满足
10. 您认为公共体育课程中与教师和同伴的互动情况如何?
    A. 能够保持时时互动　　　　　　B. 互动频率较高
    C. 偶尔会互动　　　　　　　　　D. 不互动
11. 您认为哪种现代教育技术已经应用到公共体育课程之中?
    A. 多媒体技术　　　　B. 新媒体技术　　　　C. 虚拟现实技术
12. 您认为公共体育课程还应该进行怎样的改进?

_____

_____

## 二、高校公共体育课程建设与运行情况

## 专家访谈提纲

| 访谈对象：××× | 访谈主题：高校公共体育课程项群化建设 |
| --- | --- |
| 访谈内容 | |
| 问题1：您认为应该以哪些视角进行体育项群类别的划分? | |
| 问题2：您认为体育项群划分过程中应该遵循哪些原则? | |
| 问题3：您认为高校公共体育课程项群化建设的优势主要体现在哪几方面? | |

续表

| 访谈对象：×××  | 访谈主题：高校公共体育课程项群化建设 |
|---|---|
| **访谈内容** | |

问题4：您认为高校公共体育课程项群化建设应该注意些什么？

_____

_____

问题5：您认为高校公共体育课程项群化建设质量评价的标准应该包括哪些内容？

_____

_____

问题6：您认为高校公共体育课程项群化建设质量评价指标体系的构建应该包括哪些方面？

_____

_____